NOTES

SUR LA VIE ET LES ÉCRITS

D'EULOGE SCHNEIDER,

ACCUSATEUR PUBLIC DU DÉPARTEMENT DU BAS-RHIN,

PUBLIÉES

PAR

F. C. HEITZ,

BIBLIOTHÉCAIRE-ARCHIVISTE DE LA SOCIÉTÉ DES SCIENCES, AGRICULTURE ET ARTS DU DÉPAR-
TEMENT DU BAS-RHIN ET DE LA SOCIÉTÉ POUR LA CONSERVATION DES MONUMENTS HISTORIQUES
DE L'ALSACE.

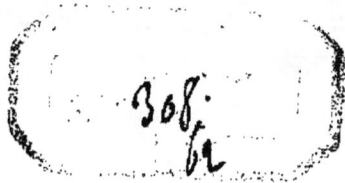

—◦◦◦◦◦—

STRASBOURG,

FRÉDÉRIC-CHARLES HEITZ, IMPRIMEUR-LIBRAIRE,

RUE DE L'OUTRE, 5.

1862.

AVANT-PROPOS.

Encouragé par le bienveillant accueil qu'ont rencontré nos précédentes publications, nous osons offrir à ceux qui s'intéressent à l'histoire de notre cité un nouveau travail, relatif cette fois-ci à l'époque révolutionnaire.

Fidèle au rôle que nous nous étions déjà précédemment tracé, ce n'est pas une histoire que nous avons entrepris de composer. En réunissant les notices qui vont suivre sur la vie et les écrits de Schneider, nous n'avons eu d'autre prétention que celle de fournir des matériaux utiles à un futur biographe de l'homme dont le nom personnifie en quelque sorte le règne de la Terreur à Strasbourg.

A l'indication soit des ouvrages publiés par Schneider, soit des articles de sa main insérés dans son journal, nous avons pu joindre un certain nombre de lettres inédites, écrites après son arrestation et dont les autographes se trouvent dans notre collection. On peut à juste titre regarder également comme inédite la lettre qu'il adressa de sa prison à Robespierre. Quoique livrée à l'impression par les soins d'un ami, cette lettre ne fut pas répandue, les ennemis de Schneider en ayant arrêté la publication.

Juin 1862.

NOTES BIOGRAPHIQUES

EULOGE SCHNEIDER.

Jean-George Schneider, naquit le 20 octobre 1756, à Wipfeld, petit village à 6 lieues de Hirtzfeld, en Franconie, de parents cultivateurs, peu fortunés.

Tout jeune encore, Schneider manifesta un esprit heureusement doué et une grande obéissance. Il dut à ces qualités la protection du chapelain de son village, Valentin Fahrmann, chanoine de l'abbaye de Heydenfeld et cousin de l'évêque de Würtzbourg, qui résidait alors à Wipfeld. Cet ecclésiastique lui enseigna les éléments de la langue latine. Les progrès de son jeune disciple furent si rapides que bientôt il put l'envoyer à Würtzbourg suivre l'instruction du Gymnase, sous la direction des Pères Jésuites. Logé à l'hospice de Jules, il y changea son nom de baptême en celui d'Euloge. Après avoir fréquenté le Gymnase pendant trois années, et s'être distingué sous tous les rapports parmi ses condisciples, il fut reçu à l'Académie, dirigée alors par le bénédictin Rœser. Le jeune étudiant y fit de bonnes études, mais en même temps il s'adonna au penchant d'une liberté effrénée, qui le fit bientôt tomber dans une profonde misère. Se trouvant sans ressources pécuniaires, il se décida d'entrer au couvent des Franciscains de Bamberg, où régnait la plus sévère discipline. On prétend que lors de sa réception, après une année de noviciat, le supérieur dit : «Euloge fera à l'ordre ou le plus grand honneur ou la plus grande honte.»

Schneider, après s'être livré, pendant trois années de séjour au couvent, à l'étude de l'hébreu et à la culture de la poésie, fut envoyé par son supérieur à Augsbourg pour y enseigner la langue sacrée dans le couvent des Franciscains. Ce fut dans cette ville, qu'en 1785, à l'occasion de la fête de Ste-Catherine, il prononça un sermon sur la tolérance, qui, en révélant son grand talent oratoire, lui suscita beaucoup d'ennemis parmi le clergé. Le doyen Umgelder, affligé des persécutions auxquelles fut en butte le jeune prédicateur, le recommanda au duc de Würtemberg. En 1786, ce dernier le nomma prédicateur de la cour, après avoir obtenu pour lui la dispense papale comme moine. Les idées libérales que Schneider avança dans ses sermons lui créèrent de nouveaux embarras ; il quitta son poste au printemps de l'année 1789, pour accepter une place de professeur de belles-lettres et de langue grecque qui lui fut offerte à l'Université de Bonn.

Dans cette position il ne cessa de se faire des ennemis par ses manifestations libérales. La publication d'un recueil de poésies et d'un catéchisme ne firent qu'en accroître le nombre et ce fut avec enthousiasme qu'il suivit un appel que plusieurs personnes haut placées lui adressèrent de Strasbourg.

Schneider arriva dans cette ville, le 12 juin 1791. Seize jours après, il fut nommé doyen et professeur de l'Académie catholique et vicaire épiscopal du département du Bas-Rhin. Le 12 juillet de la même année, il prêta dans la Cathédrale le serment civique imposé alors aux ecclésiastiques. Le 11 novembre 1791 il fut élu membre du Conseil municipal de Strasbourg. Le 2 décembre il publia une thèse latine sur l'éducation. Le 1er juillet 1792 il mit au jour le premier numéro du journal : *Argos*, qu'il rédigea jusqu'au moment de son arrestation. Le 18 septembre 1792 il fut envoyé par le Conseil du département en qualité de Commissaire municipal à Haguenau pour y exercer les fonctions de Maire, dont il resta chargé durant trois mois. Le 19 février 1793 il fut élu Accusateur public près le tribunal criminel du Bas-Rhin[1]. Le 5 mai suivant il fut investi du même titre auprès du tribunal révolutionnaire, dont Taffin était Président, Wolff et Clavel, juges. Lorsque le 8 octobre de la même année, Guyardin et J. B. Milhaud, Commissaires Représentants du peuple, établirent un Comité de sûreté générale à Strasbourg, Schneider fut nommé membre de ce Comité [2].

Par arrêté du 13 octobre 1793, les Représentants du peuple près les armées du Rhin et de la Moselle, Ehrmann, Mallarmé, J. B. Lacoste, J. Borie, Richaud, Niou, J. B. Milhaud et Ruamps, instituèrent le tribunal révolutionnaire auprès de l'armée, et les membres du tribunal révolutionnaire furent nommés membres de ce nouveau tribunal. Du 5 novembre au 15 décembre, Schneider, en sa qualité d'Accusateur public auprès de ce tribunal, fit condamner à mort 31 personnes, tant à Strasbourg, que dans les tournées que le tribunal, accompagné de la guillotine, fit à Mutzig, Barr, Obernai, Epfig et Schlestadt [3].

---

1 Elvert en était Président, Spielmann, Silberrad, Gérard, Albert et Hauswald, juges, et Schwindenhammer, greffier.

2 Les membres qui composèrent ce Comité furent:
André, Procureur-général-syndic du Département; Teterel, membre du Département; Monet, Maire de la commune de Strasbourg; Schneider, Accusateur public; Martin, Procureur de la commune; Jung, officier municipal; Fibich, peintre; Edelmann, aîné, membre du Directoire du Département; Clavel, membre du tribunal du District; Nestling, membre du Directoire du Département; Wolff, membre du tribunal du District; Sarrez, administrateur du District; Suppléants: Birkicht, teinturier; Edelmann, le jeune, membre de la municipalité; Neumann, membre du Département; Stahl, brasseur; tous membres de la Société populaire.

3 On trouve les jugements du Tribunal révolutionnaire dans la *Copie exacte du soi-disant Protocolle du Tribunal révolutionnaire établi à Strasbourg*, p. 16-38, ajouté à la fin du *Recueil de pièces authentiques servant à l'histoire de la révolution à Strasbourg ou les actes des Représentants du peuple en mission dans le département du Bas-Rhin sous le règne de la tyrannie des Comités et Commissaires révolutionnaires de*

Le 20 novembre 1795, Schneider abjura l'état sacerdotal
dans le temple de la raison [1] et le 14 décembre suivant il
épousa à Barr, une demoiselle Stamm. Revenu à Strasbourg, le
même jour avec sa jeune épouse, il fut arrêté le 15 à 2 heures
du matin, par le Général Diéche, sur les ordres des Représentants St-Just et Lebas. On l'enferma à la maison de Justice
aux Ponts-Couverts, puis on l'attacha à la guillotine sur la
place d'Armes. Enfin conduit dans une calèche à Paris, il fut
emprisonné à l'Abbaye et plus tard à La Force.

Le 10 avril 1794 Schneider, condamné, à 10 heures du
matin, par le tribunal révolutionnaire de Paris, fut guillotiné à
1 heure de l'après-midi. Ses dernières paroles furent : «Il est
impossible d'être plus complaisant envers les ennemis de la
République qu'en me faisant mourir.»

Parmi le grand nombre de biographies d'Euloge Schneider,
nous citerons les suivantes :

Eulogius Schneider's Leben und Schicksale im Vaterlande.
(Vie et aventures de Schneider dans sa patrie.) Francfort 1790.
72 p. in-12.

---

la *Propagande et de la Société des Jacobins à Strasbourg.* Strasbourg,
Dannbach et Ulrich, 2 vol. in-8°, ouvrage connu sous le nom de *livre
bleu*, et dans *Beiträge zur Geschichte der Menschheit oder actenmässige
Sammlung der blutdürstigen Urtheile des berüchtigten Revolutions-Com-
missärs Schneider und Consorten.* Strasbourg, Lorenz et Schuler. 92 p.
in-8°.

Le nombre des condamnations à mort, pendant le temps où Schneider
fut accusateur public, s'élève à 31 (celui des condamnations à mort prononcés sans la participation de Schneider, tant par le Tribunal criminel
que par les Conseils de guerre, s'élève à 62, ce qui forme un total de
93 victimes de la Révolution).

[1] Nom qu'on donnait alors à la Cathédrale, changée en temple de
l'Être suprême le 7 mai 1794.

Schilderungen der neufränkischen Apostel in Strassburg.
(Portraits des apôtres français à Strasbourg) : Euloge Schneider, Jean-Jacques Kämmerer, Théodore-Antoine Dereser,
François Schwind et Brendel. Sans lieu d'impression. 1792.
112 p. in-8°.

*Eulogius Schneiders, ehemaliger Maire zu Strassburg,
ernste Betrachtungen über sein trauriges Schicksal, nebst einem flüchtigen Rückblick auf seinen geführten Lebenswan-
del, von ihm selbst kurz vor seiner Hinrichtung niederge-
schrieben, und von einem seiner Zeitgenossen, der Gelegenheit
hatte, seit mehreren Jahren ihn in der Nähe zu beobachten,
herausgegeben und mit Anmerkungen begleitet.* (Méditations
sérieuses d'Euloge Schneider, ci-devant Maire de Strasbourg, sur son sort tragique, suivies d'un aperçu de sa vie,
écrites par lui-même peu avant son exécution, publiées et an-
notées par un de ses contemporains, qui depuis plusieurs
années a eu l'occasion de l'observer de près.) Paris et Leip-
zic, 1794. 54 p. in-12.

Cette pièce apocryphe qui contient un grand nombre de
fausses indications, comme par exemple, la qualité de Maire
de Strasbourg donnée sur le titre à Schneider, n'est d'aucune
valeur historique.

*Eulogius Schneider's, ehemaliger Professor in Bonn,
Schicksale in Franckreich.* (Aventures d'Euloge Schneider,
ci-devant professeur à Bonn, en France.) Strasbourg[1], 1797.
147 p. in-12.

*Engelberti Klüpfel theologici Friburgensis Necrologium so-
dalium et amicorum literariorum, qui auctore superstite*

---

[1] L'indication du lieu d'impression est fausse. L'ouvrage qui nous paraît avoir pour auteur F. Cotta n'a pas été imprimé à Strasbourg.

diem suum obierunt. Friburgi et Constantiæ, 1809. in-8°. Cet ouvrage renferme une biographie de Schneider (p. 95-103).

Dans l'Appel de la Commune de Strasbourg à la République et à la Convention nationale [1], se trouve le passage suivant relatif à Schneider :

« Cependant malgré la destitution du corps administratif, il existait encore deux partis parmi les oppresseurs de la commune; à la tête de l'un était Monet, quelques-uns de ses affidés et la propagande ; à la tête de l'autre était *Schneider,* Commissaire civil près le tribunal révolutionnaire, et puis le petit nombre de citoyens de Strasbourg qui avaient de l'influence auprès de la populace, ou qui étaient membres des corps constitués. — *La chute de Schneider ne fit qu'assurer le règne de Monet.* »

Un des hommes les plus estimables de son temps, M. P..., dans un mémoire inédit sur l'*Histoire de l'esprit public à Strasbourg depuis le 9 Thermidor II,* nous fait connaître son opinion sur Schneider dans le passage suivant :

« Le temps est venu où l'on peut exprimer son opinion sur Schneider. Chacun est maintenant convaincu que sa chute doit être attribuée non à ses actions comme accusateur public auprès du tribunal révolutionnaire, auxquelles il a été forcé par les ordres des Commissaires Représentants du peuple, mais uniquement au courage avec lequel il a dénoncé ouvertement certains Représentants à l'occasion de la prise des lignes de Wissembourg et à l'énergie avec laquelle il a protesté contre les friponneries de la faction qui tyrannisait en despote la ville de Strasbourg ainsi que le département du Bas-Rhin [2].

---

[1] Livre bleu I, p. 22.

[2] Voir les articles sous la date du 1er et du 15 octobre.

S'il avait agi conformément à leurs désirs, s'il avait condamné à mort tous leurs adversaires, c'est à dire les plus purs patriotes du Bas-Rhin, ainsi que toutes les personnes incarcérées au Séminaire; s'il avait déporté dans l'intérieur de la France tous les citoyens de notre province et abandonné leurs biens aux propagandistes, attirés par ce butin qu'on leur avait promis dans notre ville; s'il avait accédé enfin au plan de noyades [1] que les Représentants St-Just, Lebas et le Général Diéche avaient arrêté, certes on ne l'eût pas arrêté au temps où il l'a été, mais probablement il aurait subi le sort de Carrier et de Lebon.

«Malgré les fautes nombreuses qu'il a commises et qui furent les conséquences de son immense amour-propre, de la haute idée qu'il avait de ses talents, de son caractère rancuneux et de son tempérament sanguin, Schneider est mort innocent sous le rapport politique, et ce ne furent que des traîtres ceux qui l'ont accusé d'être de connivence avec les ennemis de la République [2].»

La *Gazette universelle d'Augsbourg* du mois de décembre 1845 et de février 1846, un grand nombre d'autres journaux ainsi que de Dictionnaires biographiques, dont l'énumération serait trop longue, contiennent des notices plus ou moins étendues sur la vie de Schneider.

---

[1] Voir l'article du 6 février 1795.
[2] Voir le jugement de Schneider sous le 10 avril 1794.

NOTICE

SUR LES ÉCRITS D'EULOGE SCHNEIDER

ACCOMPAGNÉE

DE PIÈCES INÉDITES.

ÉCRITS PUBLIÉS EN ALLEMAGNE

DEPUIS 1785 A 1790.

1785.

Ode auf den Rettertod Leopolds von Braunschweig, von einem Franciscanermönch. (Ode sur la mort héroïque de Léopold de Brunswig [1], par un Franciscain.) (Euloge Schneider.) Bamberg, 8 p. in-8°.

Volkslied auf denselben (Chanson populaire sur le même). 4 p. in-8°.

Ces deux poésies se trouvent aussi dans le recueil de poésies de Schneider, p. 7 et 12.

L'auteur ajoute la note suivante à la seconde poésie : «Je composai les deux poésies au couvent d'Augsbourg. Lors de l'annonce dans les journaux de la mort de Léopold, un moine me demanda si Léopold avait été catholique? Non, lui répondis-je. — Alors, répliqua le moine, il n'avait plus loin à descendre.»

---

[1] Le duc Léopold de Brunswig se noya en se dévouant généreusement pour sauver les enfants d'une mère éplorée, lors d'une inondation de l'Oder près de Francfort.

Der Guckkasten. Ein komisches Heldengedicht in drei Gesängen. Aus den hinterlassenen Papieren des berühmten Eulogius Schneider. (La chambre obscure. Poëme héroï-comique en trois chants, tiré des papiers du fameux Euloge Schneider.) Francfort et Leipzig, 1796. 36 p. in-12.

Avec la devise : *Raritäten seyn zu sehn*
Schöne Raritäten !
(Il y a des curiosités à voir, de belles curiosités.)
Ce poëme finit par les deux vers suivants :
In der Welt ist alles Tändeley
Orgelum, Orgelum, Orgeley.
(Dans ce monde tout est badinage et jeu d'orgue.)

———

25 NOVEMBRE 1785.

Toleranz-Predigt, gesprochen bei der Feier des S'-Catharinenfestes in Augsburg (Sermon sur la tolérance, prononcé à l'occasion de la fête de Ste-Catherine à Augsbourg), par E. Schneider. Augsbourg, 1785. 6 p. in-8°.

Ce fut ce sermon qui, tout en suscitant à son auteur de nombreux en-nemis dans le clergé catholique, lui procura par les soins du duc régnant de Würtemberg, la dispense papale de l'ordre monastique.

On trouve dans le recueil des poésies de Schneider, p. 94, l'Épître qu'il adressa au doyen de l'Empire, le Seigneur de Beroldingen, en lui envoyant le sermon sur la tolérance.

———

1787.

Freimüthige Gedanken über den Werth und die Brauch-barkeit der chrysostomischen Erklärungsreden über das Neue Testament und deren Uebersetzung (Pensées franches sur la valeur et l'utilité des discours explicatifs de Chrysos-tôme sur le Nouveau Testament et de leur traduction), *von Eulogius Schneider, Herzogl. Würtembergischen Hofpredi-gers.* Augsbourg, 1787. 36 p. in-8°.

Cet opuscule, duquel il parut aussi une édition à Stuttgart, a été publié par l'auteur comme avant-propos et prospectus de l'ouvrage suivant :

Chrysostomus Reden über das Evangelium Johannis (Les discours de Chrysostôme sur l'Évangile de St-Jean), *übersetzt von Eulogius Schneider*. Augsbourg, 1787-1789. 3 tomes in-8°.

————

De philosophiæ in sacro tribunali usu. Stuttgart, 175 p. in-8°.

20 OCTOBRE 1788.

Empfindungen an meinem drei und dreissigsten Geburtstage, an meinen Freund Brunner. Geschrieben zu Stuttgart den 20ten October 1788 (Sentiments à mon trente-troisième jour de naissance, adressés à mon ami Brunner. Écrits à Stuttgart, le 20 octobre 1788), par E. Schneider. 12 p. in-8°.

L'auteur, après avoir laissé un libre cours à sa piété filiale, donne des détails sur son éducation, sur sa vie monastique de neuf longues années et sur sa délivrance par le duc de Würtemberg. «Mais, dit-il, le zéphir du bonheur ne me caressa pas longtemps, car bientôt le ciel s'obscurcit de nuages noirs et de toutes parts des dangers m'entourèrent sous mille formes, car je ne léchais point la poussière des princes mortels, je parlais comme je pensais et je regardais d'un œil dédaigneux les artifices des courtisans qui jurèrent ma mort.» Schneider termine en se réjouissant de l'appel bienvenu qui lui était adressé des bords du Rhin.

Cette pièce se trouve aussi dans le recueil des poésies de Schneider, p. 120.

————

MAI 1789.

Épître à M. le professeur Feder, à Würtzbourg, par E. Schneider. 4 p. in-8°.

Cette épître se termine ainsi : «Maudire le fanatisme, briser le sceptre de la stupidité, combattre pour les droits de l'homme, ah ! ce ne sont pas les courtisans qui sont en état de le faire. Il faut pour cela des âmes libres, qui préfèrent la mort à l'hypocrisie et la pauvreté à l'esclavage. Sache que parmi de telles âmes, la mienne n'est pas la dernière !»

Cette pièce se trouve aussi dans les poésies de Schneider, p. 135.

---

25 JUILLET 1789.

Auf die Zerstörung der Bastille (Sur la prise de la bastille), *von E. Schneider.* 4 p. in-8°.

Cette poésie, qui se trouve aussi dans le recueil des poésies de Schneider, p. 145, se termine par la strophe suivante : «Nulle *Lettre de cachet,* nul *Telle est notre volonté* ne décidera dorénavant de notre sort. L'arbitraire tyrannique se trouve enseveli sous les ruines de la Bastille, et le Français est maintenant un homme libre. »

NOVEMBRE 1789.

Das Bild des guten Volklehrers (Le portrait du bon instituteur du peuple). *Zwei Predigten von E. Schneider.* Heilbronn, 16 p. in-8°.

---

18 DÉCEMBRE 1789.

Jesus als Sohn Gottes und als Lehrer der Menschheit (Jésus fils de Dieu et instituteur de l'humanité) *vorgestellt in zwei Predigten von Thaddäus und Schneider.* Bonn, 45 p. in-8°.

---

20 DÉCEMBRE 1789.

Predigt über den Zweck Jesu bei der Stiftung seiner Religion (Sermon sur le but de Jésus-Christ en fondant sa religion), *von D' Eulogius Schneider, Professor der schönen*

Wissenchaften und der griechischen Sprache. Gehalten in der Hofkapelle zu Bonn, den 20ten December 1789. Text: Jesaias VIII, 12. Bonn, 1790, 19 p. in-8°.

Ce sermon fut prononcé en présence de l'archevêque de Cologne qui en avait prescrit le texte.

———

22 DÉCEMBRE 1789.

Rede über den gegenwärtigen Zustand und die Hindernisse der schönen Litteratur im katholischen Deutschland (Discours sur l'état actuel des belles lettres dans l'Allemagne catholique), *gesprochen von Professor Eulogius Schneider.* Bonn, 1789. 30 p. in-12.

Schneider prononça ce discours à l'ouverture de son cours de littérature à l'Université de Bonn.

Après s'être plaint de la manière despotique de laquelle la raison fut tyrannisée de tous les temps par des hommes poussés par leurs intérêts, l'auteur dit : «Cependant dans tous les siècles il y eut des hommes qui ne se laissèrent pas entraîner par l'erreur, mais ils ne possédèrent pas la force d'y mettre un frein.»

Ce discours se trouve aussi imprimé à la fin du recueil de ses poésies.

———

1er JANVIER 1790.

Gedichte (Poésies) *von Eulogius Schneider.* Avec le portrait de l'auteur. Francfort, 1790, 192 p. in-12.

Ce recueil de poésies est dédié par l'auteur à Louise, Princesse héréditaire de Wied-Neuwied, née Comtesse impériale de Witgenstein-Berlenbourg.

Schneider dit dans la préface (p. IX) : «Il y a quelques années qu'un ecclésiastique catholique d'Augsbourg publia une collection de lignes rimées, où il n'est question ni d'amour ni de filles. Mais comme, malgré ma consécration, je me sens comme les autres enfants d'Adam et que d'ailleurs je fais une distinction entre l'amour et la débauche .... je confesse volontiers que je n'ai pu faire dix poésies sans qu'il n'y en eût au moins une qui exprimât l'un des sentiments les plus universels de l'humanité.»

Il ajoute : «Je prie les critiques de songer qu'une poésie n'est nullement une confession ni une profession de foi.»

Le grand nombre d'éditions ·de cette collection publiée encore en 1812 à Francfort, paraît témoigner en faveur de ces poésies.

1790.

Elegie an den sterbenden Kayser Joseph II (Élégie à l'empereur Joseph II, mourant), *von Professor Schneider.* Bonn, 8 p. in-8°.

Cette élégie, réimprimée à un grand nombre d'éditions, se trouve aussi insérée dans le recueil des poésies de Schneider. Elle lui suscita beaucoup d'ennemis, et la 9me strophe fut surtout la cause de nombreuses persécutions contre lui. La voici ·

> *Und gelangtest Du zum Throne,*
> *Griffest Du dem Höllensohne*
> *Fanatismus in's Gesicht :*
> *Ha! da spie das Ungeheuer*
> *Schwefeldampf, und Gift, und Feuer ;*
> *Ganz besiegtest Du es nicht.*

(Et lorsque Tu parvins au trône, Tu saisis en face le fanatisme, fils de l'enfer ; Ah ! le monstre alors vomit de la vapeur de soufre, du venin et des flammes ; Tu ne parvins pas à le vaincre totalement.)

---

14 FÉVRIER 1790.

Predigten für gebildete Menschen und denkende Christen (Sermons à l'usage des hommes éclairés et des Chrétiens pensants), *von Eulogius Schneider , ehedem Herzoglich Würtembergischer Hofprediger, jetzt Professor der schönen Wissenchaften zu Bonn. Mit Genehmigung einer geistlichen Obrigkeit* (Avec approbation ecclésiastique). Breslau, 14 février 1790, 156 p. in-8°.

Collection comprenant dix sermons, dédiée au Cardinal Prince-évêque de Passau. Il en existe plusieurs éditions.

Un contemporain en parle ainsi : «Bien que ces sermons eussent déplu au duc de Würtemberg, devant lequel ils furent prononcés, parce qu'il y était moins question de ses droits que de ses devoirs, tous les journaux littéraires apprécièrent ces discours comme des chefs-d'œuvre et placèrent leur auteur au premier rang des orateurs sacrés de l'Allemagne catholique.»

---

18 JUILLET 1790.

Katechetischer Unterricht in den allgemeinsten Grundsätzen des praktischen Christenthums (Catéchisme des principes les plus généraux du christianisme pratique), *herausgegeben von Eulogius Schneider, Professor zu Bonn.* Bonn et Cologne, 18 juillet 1790, 96 p. in-12.

Ce catéchisme, dont la première partie comprend le dogme et l'autre les préceptes moraux du christianisme, fut autorisé par le Conseil ecclésiastique de Bonn. L'auteur déclare qu'il n'a pas voulu écrire un catéchisme catholique, mais un livre pratique élémentaire de la religion et de la morale, séparée de la dogmatique, et où il ne fût question que de l'existence de Dieu, de l'immortalité de l'âme et de la Providence divine, considérées comme les fondements de la doctrine des devoirs.

Toutes les facultés de théologie, à l'exception de celles de Saltzbourg et de Würtzbourg, désapprouvèrent ce livre, nouveau en son genre, et au mois de novembre 1790 défense fut faite aux libraires de le vendre. Mais cette défense, ainsi que cela a toujours eu lieu en pareil cas, ne fit qu'attirer sur l'ouvrage l'attention générale. La contrefaçon en livra des milliers d'exemplaires au public et toute l'Allemagne en fut inondée. Un rescrit du cabinet du Roi du mois de Mai 1792 défendit la vente du livre sous peine de 100 florins d'or (800 fr.) d'amende et le professeur Schneider se vit forcé de donner sa démission. Le duc, heureux d'être débarrassé d'un homme qui lui créait des difficultés continuelles avec le clergé, le gratifia de 100 carolins et lui fit payer en outre une année entière de ses émoluments.

C'est cet incident qui détermina Schneider à s'expatrier et à se rendre à Strasbourg.

AOUT 1790.

Die ersten Grundsätze der schönen Künste überhaupt, und der schönen Schreibart insbesondere. (Les premiers

principes des beaux-arts en général et du beau style en particulier.) *Herausgegeben von Eulogius Schneider, Professor
zu Bonn.* Bonn, 1790. 211 p. in-12.

Ce livre, qui contient le cours professé par Schneider à l'Université
de Bonn, fut publié sur la demande du Curateur de cette Université,
Son Exc. le Seigneur Spiegel de Diesenberg.

ÉCRITS PUBLIÉS EN FRANCE

DEPUIS 1791 A 1794.

---

10 JUILLET 1791.

Die Uebereinstimmung des Evangeliums mit der neuen Staatsverfassung der Franken. Eine Rede bei Ablegung des feierlichen Bürgereides in der Domkirche zu Strassburg gehalten (La conformité de l'Évangile avec la nouvelle Constitution des Français. Discours prononcé à la prestation solennelle du serment, dans la Cathédrale de Strasbourg), *von Eulogius Schneider, bischöflichen Vikar, am 10ten Heumonath des IIten Jahres der Freiheit.* Strasbourg, 16 p. in-8°.

«Il fut réservé à nos temps, dit l'auteur, de renverser le colosse du despotisme, de briser les chaines de la tyrannie, de rétablir la dignité de l'homme et du citoyen, de mettre en relief les préceptes de la raison et de l'Évangile et de vivre dans les lumières de la vérité et de la liberté. Ce n'est que maintenant que nous pouvons nous dire chrétiens, ce n'est qu'aujourd'hui que nous commençons à devenir frères !»

Kämmerer, vicaire épiscopal du Bas-Rhin, rendant compte de ce sermon dans son journal intitulé : *Die neuesten Religionsbegebenheiten in Frankreich* (Les récents événements religieux en France), 1re année, dit p. 165 :

«La réputation qu'Euloge Schneider s'est acquise d'être un des premiers orateurs de l'Allemagne, se confirme aussi en France. Une preuve convaincante en est le discours qui fut couronné par l'approbation de tous les citoyens de Strasbourg. Quel homme de sentiment pourrait résister à l'éloquence entraînante de Schneider? C'est grand dommage que Schneider soit venu au monde un siècle trop tôt !»

2

Ce discours réimprimé en Allemagne y fit beaucoup de sensation et suscita une brochure sous ce titre :

Des Herrn Eulogius Schneider Irrthümer und Gefährlichkeiten in der Rede von der Uebereinstimmung des Evangeliums mit der neuen Staatsverfassung der Franken. Von einem katholischen Weltpriester bemerket und freundschaftlichen Briefen beigesetzt. (Les erreurs et les dangers du Sieur Euloge Schneider dans le discours sur la conformité de l'Évangile avec la nouvelle Constitution des Français. Relevés par un prêtre catholique séculier et joints à des lettres amicales.) Sans lieu d'impression. 1792. 46 p. in-8°.

L'auteur anonyme de ce pamphlet adresse à Schneider les reproches les plus amers. L'amitié qui règne dans ses lettres est peu sympathique, car non seulement il traite Schneider de calomniateur, d'homme léger et méchant, mais il termine en disant : «Monsieur Schneider! Poissardes de Paris!! N'oubliez pas le dernier jugement. N'oubliez pas le jour du Christ. N'oubliez pas le plus grand jour de lumière qui se trouvera placé entre l'enfer, le ciel et la terre!!!»

AOUT 1791.

Lettre de E. Schneider, adressée au journal : *Ristritto de l'État*, publié à Francfort.

Dans cette lettre, insérée au n° 141 (3 avril) du journal mentionné, Schneider dénonce comme calomniateurs irréfléchis, les personnes qui, dans le seul but de lui nuire auprès de ses compatriotes, ont répandu le bruit qu'il s'était marié à Strasbourg.

Il ajoute : «Quand je me serais marié, je n'eusse certainement pas commis un grand crime aux yeux des gens éclairés, car je n'aurais fait qu'user d'un droit dont la hiérarchie romaine nous a cruellement privés et que la Constitution française nous a rendu.»

---

11 SEPTEMBRE 1791.

Die Quellen des Undanks gegen Gott, den Stifter und Gründer unserer weisen Staatsverfassung (Les sources de l'ingratitude envers Dieu, l'auteur et le fondateur de notre sage Constitution), *dargestellt in einer Predigt über*

Lukas XVII, 17, am 13ten Sonntage nach Pfingsten, von Eulogius Schneider, bischöflicher Vikar des niederrheinischen Departements, im IIIten Jahr der Freiheit. Strasbourg, Simon, 16 p. in-8°.

Schneider divise ce sermon en trois parties; dans la première il établit que c'est le manque de lumières qui est la première cause d'opposition contre les lois sacrées de la nouvelle Constitution ; dans la seconde, que c'est le manque de probité, et dans la dernière, que c'est l'absence de courage et de résolution.

————

2 OCTOBRE 1791.

Die Würde und die Pflichten eines Wahlmanns. Eine Rede bei dem Beschluss der Wahlgeschäfte des Weissenburger Distrikts, gehalten in der S'-Johannis-Kirche zu Weissenburg (La dignité et les devoirs d'un électeur. Discours prononcé lors de la clôture des opérations électorales du District de Wissembourg), *von Eulogius Schneider, bischöflichen Vikar, am 16ten Sonntag nach Pfingsten.* Wissembourg, chez Sonntag et Zögger, 14 p. in-8°.

L'orateur en développant dans ce discours l'importance et la dignité du mandat d'électeur, dit :

«Jadis on nous donnait des administrateurs, des juges, des prêtres, sans nous consulter, sans avoir égard à nos vœux et à nos besoins. Des princes étrangers ou d'ignorants prélats, ou des nobles orgueilleux, avaient seuls le droit de nous désigner ceux qui seraient chargés de veiller sur notre propriété et sur notre foi... Tous ces maux ont disparu, nous ne sommes plus de simples machines, que la Cour fait marcher ou arrêter, nous élisons nous-mêmes nos administrateurs, nos juges et ceux qui nous doivent instruire dans la religion. C'est à la Constitution que nous devons cette prérogative, et c'est dans vos mains, nobles électeurs, que nous l'avons déposée. Vous êtes les dépositaires de nos droits les plus sacrés. Vous déciderez de notre bonheur ou de notre malheur.»

————

11 OCTOBRE 1791.

Discours sur le mariage des prêtres, lu à la Société des amis de la Constitution, séante à Strasbourg, le 11 octobre

1791, par un prêtre fonctionnaire (Euloge Schneider). 7 p. in-8°.

Le même discours se trouve en allemand dans les *Briefe über das Elsass* (Lettres sur l'Alsace), p. **96** et suiv.

En voici l'introduction :

« Frères et amis,

« Un de mes collègues vous a exhortés et conjurés, de ne faire aucune démarche qui puisse accélérer l'abolition du célibat ecclésiastique. Il croit qu'en se mariant, les prêtres constitutionnels détruiraient encore le peu de confiance qui leur reste, et qu'il faut sacrifier leur droit à l'intérêt public. Je rends justice à ses intentions, sans partager sa manière de voir. Je crois au contraire que perpétuer le célibat, c'est perpétuer le scandale ; et que le seul moyen de rendre aux prêtres l'estime et la confiance publiques, est l'abolition du célibat. Mon assertion paraît peut-être un peu paradoxale, peut-être trop hardie : mais elle est fondée, elle est vraie ; et vous la trouverez telle, quand j'aurai développé mes preuves.

« Pour statuer sur le mariage des prêtres, Messieurs, il faut répondre à trois questions :

« 1° Le mariage des prêtres est-il permis ?

« 2° Le mariage des prêtres est-il nécessaire ?

« 3° Le mariage des prêtres est-il exécutable ? »

L'auteur développe dans son discours ces trois points en y répondant affirmativement, et il termine en disant :

« Voilà, Messieurs, mes réponses aux trois questions que je me suis proposé de résoudre. Si vous en êtes contents, je demande que la Société décide qu'elle soutiendra de toutes ses forces le prêtre catholique qui donnera le premier, dans notre département, l'exemple de la sensibilité, du civisme et du courage. »

En suite de ce discours, l'Évêché fit placarder dans toute la ville des affiches en français et en allemand, portant la communication suivante :

« Il paraît dans le public un discours imprimé, prononcé à la Société des amis de la Constitution de Strasbourg, par M. Schneider, en faveur du mariage des prêtres. Les fidèles pouvant en prendre du scandale, M. l'Évêque du Bas-Rhin, ainsi que MM. les vicaires composant son Conseil, le désavouent.

« A Strasbourg, le **22** octobre **1791**.

« Signé : ✝ *François-Antoine Brendel*, Évêque du Bas-Rhin.

« *Lex*, 1er vicaire, *Herrenberger*, *Berolet*, *Laurent*, *Gross*, *Sausserote*, *Kämmerer*, *Simond*, *André*, vicaires épiscopaux, *Jobin*, *Müller*, vicaires directeurs. »

L'affiche allemande porte à la place du mot *désavouent :* «que le discours a excité leur plus grand déplaisir et n'a jamais été approuvé.»

On lit au sujet de cet arrêté dans le journal : *Geschichte der gegenwärtigen Zeit* (Histoire du temps actuel), p. 128 :

«On ne s'étonnera pas que l'affiche inconstitutionnelle ait été arrachée partout et méprisée par tous les patriotes éclairés comme un attentat criminel à la liberté de la parole et de la presse.»

——

6 NOVEMBRE 1791.

Empfindungen eines Franken beim Anblick der jungen Eichen, die den 6ten November des IIIten Jahrs der Freiheit an dem Altar des Vaterlandes gepflanzt worden. Zum Besten der Hausarmen. (Sentiments d'un Français à la vue des jeunes chênes, plantés le 6 novembre an III de la liberté, près de l'autel de la patrie [1]. Au bénéfice des pauvres honteux.) Poésie de E. Schneider. 4 p. in-8°.

Sur la motion, faite à la Société des amis de la Constitution, de planter des chênes autour de l'hôtel de la patrie, on se rendit en procession à la plaine des bouchers pour procéder à cette plantation ; c'est à l'occasion de cette cérémonie que Schneider composa cette poésie.

——

2 DÉCEMBRE 1791.

De novo rerum theologicarum in Francorum imperio ordine Commentatio (Du nouvel ordre de choses ecclésiastique en France), *quam lectionibus publicis primo Decembris die inchoandis præmittit Eulogius Schneider, Phil. ac Theol. Doctor, Reverendissimi Episcopi Argentinentis Vicarius, Jurisprud. ac Eloquentiæ pastoralis Professor P. O. Facultatis Theologicæ ex parte Catholicorum Decanus. Argentinæ Typis F. G. Levrault, Universitatis typographi. Anno recuperatæ Libertatis tertio.* 11 p. in-4°.

Nous donnons ici l'extrait d'un article contenu dans les *Neuesten*

———

[1] Sur l'ancienne plaine des bouchers, où la fête de la Confédération fut si solennellement célébrée, le 13 juin 1790.

Religionsbegebenheiten in Frankreich (Les récents événements religieux en France), 2me année p. 7, et relatif à cette dissertation de Schneider :

«Il n'est pas nécessaire de recommander les ouvrages de Schneider. Quiconque a la moindre connaissance en littérature sait qu'il est l'un des plus grands savants, un des hommes les plus éclairés et les plus sincères de notre époque. Je me bornerai donc à donner le résumé de cette dissertation. L'auteur cherche à prouver que notre nouvelle Constitution exige des changements, non dans la religion qui est un effort continu vers la vertu et la sagesse et repose par cette raison sur des bases nécessaires, universelles, inébranlables et invariables, mais dans la théologie.

«Avant de réformer la théologie, il faut se demander ce qu'un peuple libre a le droit d'exiger d'un citoyen-ecclésiastique? D'abord il doit exiger de lui qu'il acquière une connaissance claire de la pure et simple religion de Jésus, débarrassée des scories théologiques, et ensuite que par elle il s'efforce de maintenir et de rehausser la félicité du peuple. Jésus ne fit pas de différence entre les diverses opinions des hommes et d'après lui ce ne sont que la vertu et la probité qui doivent les rendre heureux.

«Que doit enseigner le professeur de dogmatique? Les seules vérités fondamentales sur lesquelles repose la religion, à savoir *qu'il existe un Dieu et que l'âme de l'homme est immortelle.* Toutes les autres propositions sont inventées par la soi-disant dogmatique et nous ne devons point les accepter à moins de nous remettre sous le joug des prêtres, en leur permettant de décider ce que nous devons croire pour obtenir notre salut.»

A la fin de cette dissertation se trouve un programme des cours de la Faculté théologique catholique de Strasbourg, dont les professeurs étaient :

Jean-Jacques Kämmerer, Euloge Schneider, Thaddäus, Antoine Dereser, Antoine-Jean Dorsch, Charles-François Schwind, Jobin et Müller.

Voici le programme des cours annoncés par Schneider :

Euloge Schneider, Docteur en philosophie et en théologie, vicaire épiscopal, notable de la ville de Strasbourg, Doyen de la Faculté théologique, fera un cours sur la jurisprudence pastorale d'après la nouvelle Constitution de l'Empire français et sur l'éloquence de la chaire. Il offre aussi de faire des cours sur les beaux-arts et sur les belles-lettres.

———

29 DÉCEMBRE 1791.

Die Franken an die biedern Deutschen. (Les Français aux loyaux allemands.) Poésie de E. Schneider. 4 p. in-8°.

L'auteur avertit les Allemands que les Français ne combattront que pour la liberté du genre humain et contre les tyrans. «Si nous sommes vaincus,» dit-il, «vous aussi vous retournerez sous leur joug et vous retomberez dans l'esclavage ! C'est pour cette raison que vous devez faire cause commune avec nous. »

---

6 JANVIER 1792.

Discours sur l'éducation des femmes, prononcé à la Société des amis de la Constitutton, séante à Strasbourg, par Euloge Schneider, l'un de ses membres. Portant la devise : *Amicus Socrates, sed magis amica patria.* Strasbourg, Treuttel, 8 p. in-8°.

Schneider présente dans ce discours ses observations sur le *Projet d'un établissement national pour l'éducation des femmes à Strasbourg, par Chayrou, principal du Collége national,* (8 p. in-4°), lu à la Société. Ce fut le même Chayrou qui publia en 1792, la *Feuille de Strasbourg.*

«Vous ne trouverez pas mauvais, citoyens et citoyennes, dit-il, qu'un ecclésiastique se mêle de cette discussion épineuse et délicate. Le même hasard qui m'a rangé dans la classe des prêtres, m'a aussi mis à même de connaître et d'apprécier des instituts d'éducation établis pour l'autre sexe. Lorsque je remplissais les fonctions de prédicateur de la cour à Stuttgart, j'étais en même temps chargé de l'instruction religieuse de jeunes demoiselles qui se trouvaient alors réunies dans un institut très-analogue à celui qui vous a été proposé par M. Chayrou.»

L'orateur proteste contre l'éducation des filles dans des pensionnats en disant :

«Mettez les filles dans un pensionnat quelconque, elles n'y trouveront pas cet intérêt qui les lie à leurs mères. Jamais l'art ne pourra égaler la nature. Ne suffit-il pas que la mère forme le cœur et les mœurs de sa fille ? Quant aux sciences et aux connaissances accessoires, ne trouvera t-elle pas partout des professeurs ou des maîtresses habiles ? En réunissant ainsi l'éducation maternelle avec l'instruction scientifique, on parviendra à en former une épouse aimable, une mère digne de ce nom auguste.»

Schneider termine son discours ainsi : «Quand nous aurons un jour discuté les principes généraux de l'éducation et de l'instruction publique, je tâcherai de résoudre le grand problème de l'éducation des femmes. Pour ce moment je me borne à déclarer que toute sorte d'institut collégial est, selon moi, incompatible avec les vrais principes de l'éducation nationale, et je demande la question préalable sur le projet de M. Chayrou. »

—

30 JANVIER 1792.

Aufruf zur Vertheidigung des Vaterlandes. (Appel à la défense de la patrie.) *Eine Predigt über Matth. VIII, 27, am 4ten Sonntage nach Dreikönigstage in der Domkirche zu Strassburg gehalten, von Eulogius Schneider.* Strasbourg, Treuttel, 20 p. in-8°.

L'orateur s'excuse dans l'introduction de ce sermon, de ce qu'il est contraint par la situation critique où se trouve la ville de Strasbourg, à transgresser cette fois sa coutume de ne parler à ses auditeurs que de choses religieuses, pour les entretenir des moyens d'affermir la Constitution, d'anéantir les ennemis et de fonder une paix durable. «C'est par l'union,» dit-il, «par la persévérance et par la vigilance que nous parviendrons à ce but. »

—

7 FÉVRIER 1792.

Karl Laveaux. Rede über die Gefahr der Trennung. (Charles Laveaux. Discours sur les dangers de la désunion.) *An die Freunde der Constitution in Strassburg gehalten, den 7ten Februar im 4ten Jahre der Freiheit. Aus dem Französischen übersetzt von Eulogius Schneider.* (Traduit en allemand par Euloge Schneider.) Strasbourg, J. G. Treuttel, 8 p. in-8°.

—

12 FÉVRIER 1792.

Eulogius Schneiders politisches Glaubensbekenntniss, der Gesellschaft der Constitutionsfreunde vorgelegt (Profession de foi politique d'Euloge Schneider, présentée à la Société des amis de la Constitution), *am 12ten Februar 1792.* Strasbourg, J. G. Treuttel, 16 p. in-8°.

Dans l'introduction à son discours, Schneider regrette amèrement la scission qui avait eu lieu huit jours auparavant, entre les membres de la

Société des amis de la Constitution. Il y voit le commencement de tous les malheurs. «Oui, postérité,» s'écrie-t-il, «tu les justifieras, ceux qui sont méconnus aujourd'hui! Tu couvriras de honte le moteur de ce méfait, et tu glorifieras la mémoire de ces inébranlables amis de la liberté. Qu'il est heureux celui qui ne vit pas pour le moment actuel! Qu'il est heureux celui qui ne craint point la mort lorsqu'il s'agit des droits de l'homme et du bonheur des générations futures! Moi aussi j'attends tranquillement le jugement sur mon caractère et sur mes actions. Contre moi aussi la tyrannie ne possède point d'armes; car de quoi s'effrayerait celui qui a juré dans son cœur de ne pas survivre à l'anéantissement de notre liberté?

«Frères et amis! Mon corps se trouve depuis huit mois parmi vous, mais mon âme et mon cœur se sont trouvés parmi vous depuis 1789 .... Depuis cette époque je ne portai mes regards que vers la France, je fus votre ami et ne rêvai plus qu'à m'associer à vous. J'ai quitté ma position, le pays de mes ancêtres et j'ai obéi à mon cœur. Vous m'avez reçu en frère, vous m'avez donné une place honorable et vous m'avez même élu membre du Conseil de votre cité. Aussi nul travail ne me fut trop pénible, nul sacrifice trop onéreux. Je n'ai jamais été riche, cependant je ne suis pas venu chez vous dans le besoin, car par mon travail je me suis acquis quelque fortune. Dieu sait que je la sacrifierais avec plaisir pour votre bonheur.... Je n'aurais jamais cru que je me trouverais dans le cas de me justifier devant vous des calomnies que l'on a répandues contre moi.

«Examinez le patriotisme des auteurs de la scission et jugez qui doit mériter votre confiance. On m'accuse d'être républicain. Républicain? Non! nous ne le sommes point : nous sommes des défenseurs de la Constitution; nous avons juré de la maintenir et chacun de nous est prêt à sceller ce serment de son sang. Nous honorons nos supérieurs s'ils nous commandent au nom de la loi, mais nous surveillons leurs pas et, s'ils le méritent, nous blâmons leurs actions. C'est parce que nous sommes des hommes libres, que nous sommes placés non sous des hommes, mais sous la loi. L'homme libre se prosterne devant Dieu et ne se soucie pas des prêtres. Français! vous ne serez pas un peuple libre aussi longtemps que vous ne comprendrez pas ceci.

«Vous ferai-je ma profession de foi politique? Je compare la Constitution à un beau char solidement construit sur lequel repose le salut de la nation. Toutes les parties de ce char sont composées des meilleurs matériaux et se trouvent parfaitement ajustées. Homère n'a pas dépeint le char d'Achille plus beau que celui que je me figure. Le Roi est le conducteur qui tient les rênes, les chevaux qui le mettent en mouvement sont les ministres, les administrateurs et les autres agents du pouvoir exécutif. Le conducteur tient dans une de ses mains la bride et dans l'autre le fouet.

Il est en son pouvoir de se servir de l'un et de l'autre, d'après son bon plaisir. Le chemin passe-t-il le long de la prairie de la liste civile et par la propriété d'ardents patriotes, le fouet claquera, s'il s'agit du prêtre fanatique ou du salut du beau-frère Léopold, les rênes seront attirées.

«Que faire dans cette situation? Il faut que le char roule, sans quoi le salut de la nation est exposé. Comment le déterminerons-nous à se rendre à nos vœux? Sera-ce en lui jonchant le chemin de roses? Non! Nous montrerons par l'expression manifeste de notre mécontentement, par l'appel à toute la Nation, par de mâles désapprobations, qu'entre les deux routes il n'y en a qu'une seule à suivre. Ou bien le conducteur dirigera lui-même le char, ou il faut que nous le conduisions par nos propres forces. Notre mal actuel consiste dans ce retard ou cette hésitation. Nous sommes la risée de nos ennemis et notre liberté ne sera qu'un fantôme. La voix de la nation ne restera pas sans effet : les perfides conseillers du conducteur seront confondus, et il se persuadera que son propre bien-être sera désormais inséparable du nôtre et que notre penchant pour la liberté ne se laisse point arrêter. Alors le char marchera majestueusement et les tyrans se tiendront loin de nous et se diront : N'élevons point les mains contre ce peuple, car il veut être libre et si nous l'en empêchons, sa vengeance tombera sur nos têtes comme le tonnerre de Dieu.

«C'est ainsi, mes amis, que j'envisage la Constitution et notre situation actuelle. Je ne prêche point la révolte, mais la fermeté, l'union ; la voix réunie de toute la nation n'est point une rébellion.»

Un extrait de ce discours fut publié sous ce titre :

Frankreichs Constitution (La Constitution de la France), *von Eulogius Schneider,* 4 p. in-4°. Inséré dans le Journal politique de Strasbourg, paraissant sous le titre : *Strassburgs politisches Journal, eine Zeitschrift für Aufklärung und Freiheit* (Journal politique de Strasbourg, feuille périodique pour la propagation des lumières et de la liberté), *herausgegeben von Friedrich Cotta, Bürger von Frankreich. Strassburg und Frankreich, 1792.* 2 tomes in-8°.

— — —

14 MARS 1792.

Auf Leopolds Tod (Sur la mort de Léopold), *von Eulogius Schneider.* Strasbourg, J. H. Heitz. 8 p. in-12.

A la fin de cette poésie, où il trace un parallèle entre les empereurs d'Autriche Joseph et Léopold [1], l'auteur s'écrie : « L'orgueilleux est tombé et notre liberté est debout, et elle le restera éternellement et, dussions-nous être moissonnés par millions, notre liberté ne sera point ensevelie. »

———

14 MARS 1792.

Jesus und die Pharisäer (Jésus et les Pharisiens). *Zwei Fastenpredigten von Eulogius Schneider.* Strasbourg, J. G. Treuttel. 52 p. in-8°.

Le premier de ces sermons est intitulé :

Ueber den Missbrauch des geistichen Ansehens (Sur l'abus de l'autorité sacerdotale). *Eine Homilie über Joh. IX, 1-38 am vierten Mittwoch in der Fasten gehalten.*

Schneider fait voir dans ce discours qu'à la place de la religion chrétienne primitive s'introduisirent de vaines cérémonies et des controverses intolérantes.

« Chers frères, » dit-il, « je vous ai expliqué maintenant l'histoire de l'évangile de ce jour. Vous avez dû voir l'astuce des pharisiens, leur haine contre la vérité et la malice avec laquelle ils abusaient de l'autorité de la religion. Dieu veuille que, de nos jours aussi, l'on n'abuse point de l'autorité ecclésiastique au détriment de la vérité, pour persécuter l'innocence, pour troubler la tranquillité publique, pour fomenter la guerre civile, pour maintenir la superstition et l'esclavage ! Dieu veuille que la religion ne serve plus de prétexte à la méchanceté et à la conspiration. »

Le second sermon est intitulé :

Jesus der Volksfreund (Jésus l'ami du peuple). *Eine Predigt am vierten Sonntage in der Fasten gehalten.*

Dans ce sermon sur Jean VI, 5 : Où achèterons-nous du pain pour donner de la nourriture à ces gens ? l'orateur dit : « Je me suis décidé, mes frères, à vous présenter aujourd'hui Jésus comme *l'ami du peuple.* Sans m'arrêter à l'examen du miracle, je ne veux vous faire voir que

———

[1] Mort le 1er mars 1792, d'une inflammation des intestins.

ce qui est digne de votre imitation, et je vous retracerai l'image de Jésus comme le modèle du parfait ami du peuple [1]. »

---

2 AVRIL 1792.

Gedächtnissrede auf Mirabeau, vor der Gesellschaft der Constitutionsfreunde zu Strassburg gehalten (Discours en mémoire de Mirabeau, prononcé à la Société des Amis de la Constitution à Strasbourg), *am 2ten April 1792, von Eulogius Schneider*. Strasbourg, Lorentz et Schuler. 14 p. in-8°.

Ce discours, ainsi que deux autres, l'un de Laveaux et l'autre de Simond, vicaire épiscopal, fut prononcé à l'occasion d'une grande fête commémorative en l'honneur de Mirabeau, dans la salle du spectacle allemand [2], où les deux Sociétés, celle des Jacobins, du Miroir, et celle des Amis de la Constitution, de l'Auditoire, se trouvaient réunies.

Le rédacteur de la *Gazette de Strasbourg*, Saltzmann, en rendant compte de cette fête, fit la remarque que Schneider avait parlé dans son discours plus de sa propre personne que de Mirabeau. En réponse à cette observation l'on trouve dans le journal : *Geschichte der gegenwärtigen Zeit*, rédigé par Jean-Frédéric Simon et André Meyer, fils, un article : A Rodolphe Saltzmann, par Schneider, bourgeois français et notable. De plus, il parut une épître à M. Rodolphe Saltzmann, par Euloge Schneider. 4 p. in-4°. Une nouvelle réplique de Saltzmann se trouve insérée dans un supplément de la *Gazette de Strasbourg*, sous la date du 24 avril, intitulé : Réplique. (Point d'Épître.)

---

20 AVRIL 1792.

Die Eisgrube Avignons zu Strassburg. Actenmässige Darstellung des dem Bruder Laveaux zubereiteten Justizmordes. Von einem Freunde der Menschheit herausgegeben im 4ten Jahr der Freiheit. (La glacière d'Avignon à Strasbourg.

---

[1] Voir sur ces deux sermons l'article inséré dans le journal de Kämmerer, vicaire épiscopal du Bas-Rhin : *Die neuesten Religionsbegebenheiten in Frankreich*, 2me année, p. 115.

[2] Ancienne synagogue et plus tard magasin de meubles, rue Ste-Hélène N° 3.

Relation officielle du meurtre judiciaire préparé au frère Laveaux, publiée par un ami de l'humanité, an IV de la liberté.)
15 p. in-8°.

L'auteur anonyme de ce pamphlet, (Euloge Schneider), raconte que
Laveaux, après avoir fait, à la tribune de la Société du Miroir, un tableau
des tristes suites qu'avait eues dans notre département la non-exécution
de la loi du 28 juillet 1791, sur les maisons religieuses, avait proposé
1o de demander à l'Assemblée nationale la suspension provisoire du Département[1], 2o de demander que les membres du Département, qui seraient trouvés coupables, fussent mis en état d'accusation et 3o d'engager à l'approche de la guerre extérieure, tous les bons citoyens, de se
rallier, à l'instar des Marseillais, contre les ennemis intérieurs, pour combattre, sous l'égide de la loi, les perturbateurs de la tranquillité et de la
sûreté publiques.

Le Conseil municipal publia, immédiatement après ce discours de Laveaux, une délibération commençant par les mots : «Citoyens, le crime
veille, il souffle la discorde» . . . et le lendemain, 21 avril, Laveaux fut
arrêté et jeté en prison, où il resta 54 heures sans jugement.

Frédéric Schœll, dans ses publications sur Frédéric Dietrich, ci-devant Maire de Strasbourg[2] (6me pièce p. 90), désigne le présent opuscule
comme étant «l'une des plus infâmes productions qui aient jamais paru à
Strasbourg».

———

27 AVRIL 1792.

Ein Wort im Ernste an die Bürger Strassburgs (Un mot
sérieux aux citoyens de Strasbourg), *von Eulogius Schneider.*
Sans lieu d'impression. 8 p. in-8°.

Dans cet écrit Schneider proteste contre l'arrestation de son ami Laveaux, qui fut arrêté et conduit en prison, ainsi que nous venons de
le dire, pour des articles injurieux insérés dans son journal : le *Courrier de Strasbourg* et le *Courrier de Paris et des départements*[3].

Schneider dit dans cette protestation : «Le repos, mes chers conci-

———

[1] Cette expression était usitée alors pour désigner ce que l'on appelle-
rait aujourd'hui *la Préfecture.*

[2] *Ueber Dietrich, ehemaliger Maire von Strassburg.*

[3] Ces deux journaux paraissaient en 1792 ; ils furent réunis en 1793
en un seul.

toyens, est une belle chose, s'il est le fruit de la victoire et non l'œuvre de l'insouciance et de la cabale. Un repos comme le nôtre ressemble à ce calme qui devance un ouragan terrible. On a trouvé, jusqu'à présent, les moyens d'empêcher l'explosion d'une insurrection. Mais étaient-ce là les véritables moyens? Non, à en juger par les faits, ce ne furent que des palliatifs, qui cachent les blessures, mais qui ne les guérissent point. Nous nous sommes imaginés que nous étions unis, mais nous nous sommes trompés. Bientôt les différents partis s'éveilleront, se regarderont et s'étonneront d'avoir été trompés tous. Je le répète donc, citoyens, soyez sur vos gardes, regardez en avant, en arrière, tout autour de vous. Réunissez-vous, afin qu'aussitôt que la voix de la loi se sera fait entendre, vous puissiez combattre en hommes libres pour le bien de l'humanité.

«Examinez mon conseil; c'est celui d'un ami, d'un frère, le conseil d'un homme, que ni les poursuites, ni les calomnies, ni même la prison ou la mort ne peuvent empêcher de parler contre sa conviction. Si mes propositions sont bonnes, peu vous importe de qui elles viennent. On s'est efforcé jusqu'à présent de me ravir votre confiance, l'on m'a décrié comme un étranger, comme un aventurier. L'on m'a fait épier jusque dans le sanctuaire de mon domicile par des espions, pour vous faire suspecter mon caractère moral et ma manière de vivre. On enveloppe d'une inquisition espagnole mes entretiens privés et certaines feuilles publiques regorgent de calomnies contre moi. Mais à quoi bon tout cela? je n'en continuerai pas moins à combattre aussi longtemps que je vivrai pour votre bien-être, pour la liberté et pour le salut de l'humanité entière. Que mes calomniateurs prouvent une seule mauvaise action commise par moi; qu'ils fassent connaître ces crimes qu'ils m'imputent et alors, citoyens, chassez-moi de vos murs comme un trompeur! Vous ne me connaissez que depuis à peu près une année. Je vous somme de me dire si pendant ce temps j'ai vécu parmi vous dans l'inactivité. J'ai travaillé avec de si grands efforts qu'une santé de fer et une vie sobre seules ont pu m'empêcher de succomber. Excusez-moi, concitoyens, si je vous rends attentifs au grand nombre de mes écrits, à mes voyages et aux travaux par lesquels j'ai tâché d'étendre et d'affermir l'empire de la Constitution. L'on vous dit que je suis un étranger, un aventurier. Chacun de vous peut demander en Allemagne qui je fus. Je me suis trouvé neuf années dans le couvent, trois années à Stuttgart, comme prédicateur de la cour, deux années et demie à Bonn, comme professeur, et mes écrits peuvent vous faire voir ce que je pensais alors. Partout je fus persécuté par les despotes et par les prêtres. Plus d'une fois j'ai manqué d'être emprisonné pour avoir prêché votre Constitution. Les courtisans et les égoïstes allemands appelaient cela de l'insolence; mais serait-il possible que des Français parlassent ce même langage? N'eussiez-vous pas eu de pareils défenseurs insolents dans tous les pays, votre victoire serait plus incertaine ou coûterait plus de sang. On m'invite de prouver mon patriotisme par des actions et non par de beaux discours. Citoyens! il ne me reste plus que ma vie à sacrifier pour vous. Ma fortune que j'ai apportée d'Allemagne, je l'ai dépensée déjà sur l'autel de ma nouvelle patrie; je vous ai procuré de l'Allemagne des hommes dignes d'instruire le peuple *(Volkslehrer)*, et à leur arrivée presque personne ne s'est soucié de leur sort. Les richesses ne sont que très-rarement le partage du mérite; le plus grand nombre des ecclésiastiques qui travaillent maintenant dans notre département avec prospérité pour la Constitution, avaient besoin d'assistance. Interrogez-les, et vous apprendrez par eux si je ne me suis pas efforcé de ne pas vous devenir utile seulement par des discours.

«Peut-être serai-je assez heureux de pouvoir mourir pour la liberté. Je viens d'offrir mes services au Maréchal et je lui ai demandé la permission de l'accompagner au champ de bataille. Je tâcherai d'éclairer les peuples par des discours et par des écrits, tandis que nos valeureux guerriers combattront contre les tyrans. Je me trouve encore sans réponse décisive à ma demande. Si elle était agréée suivant mes désirs, alors, chers compatriotes, adieu *(lebet wohl)*, et recevez de votre frère un serrement de main. Quand je ne me trouverai plus parmi vous, vous m'oublierez, mais je ne puis cesser de vous aimer. Il n'y a personne qui aime plus que celui qui sacrifie sa vie pour ses amis.»

———

4 JUIN 1792.

Simoneau's Todtenfeier (Ode mortuaire en l'honneur de Simoneau), *von E. Schneider*. Strasbourg, Simon. 4 p. in-12.

Dans cette poésie l'auteur tire un parallèle entre Simoneau, Maire d'Étampes, et un autre personnage qu'il désigne sans le nommer. Le *Journal politique et littéraire des rives du Rhin* [1] contient une *Lettre de Claude Champy à Euloge Schneider*, dans laquelle il accuse ce dernier de lâcheté, d'hypocrisie et d'atrocité contre le Maire Dietrich. La même lettre se trouve aussi insérée dans la *Gazette de Strasbourg*. Dans *E. Schneiders Schicksale in Frankreich*, cette poésie de Schneider se trouve insérée avec des notes explicatives (p. 12-16).

———

[1] F. Rouget (de Lisle), capitaine au corps du génie, auteur de la Marseillaise, fut corédacteur de ce Journal (voir p. 340 du dit Journal).

6 JUIN 1792.

Antwort an Herrn Claudius Champy, von Eulogius Schneider (Réponse à M. Claude Champy, par Euloge Schneider). Strasbourg, J. Stuber. 16 p. in-12.

Nous extrayons le passage suivant de cette réponse : «Les louanges que je fais du Maire d'Étampes sont-elles une satire contre le Maire de Strasbourg? Si vous dites : Non, dans ce cas vos accusations tombent d'elles-mêmes. Dites-vous : Oui, alors vous compromettez justement par là l'honneur de l'homme dont vous avez entrepris la défense.»

Au sujet de cette réponse M. Champy fit insérer dans la *Gazette de Strasbourg* l'article suivant : «Je ne m'étais engagé de répliquer à M. l'abbé Schneider que dans le cas où sa réponse mériterait une réplique. Je viens de lire l'immortelle lettre qu'il m'a adressée. Je n'ai autre chose à faire que de lui accuser réception. *Claude Champy.*»

---

21 JUIN 1792.

Rede über den Zustand des Niederrheinischen Departementes, gehalten in der Gesellschaft der Constitutionsfreunde zu Colmar (Discours sur l'état du département du Bas-Rhin, prononcé à la Société des amis de la Constitution à Colmar), *am 21ten Juni 1792, im 4ten Jahre der Freiheit, von E. Schneider* [1]. Strasbourg, 21 p. in-12.

Schneider fait précéder ce discours des mots suivants :

«Je prononçai ce discours peu avant la révolution du 10 août, du temps où les vassaux de Dietrich me menaçaient de mort, et que la prudence me dictait de parer leur fureur pour quelques jours. L'on s'aperçoit aujourd'hui que tout ce que je disais à Colmar, s'est confirmé depuis ; quoique les Feuillants d'ici comme ceux de Colmar, ne m'aient entendu qu'avec indignation et m'aient poursuivi comme un perturbateur.»

1er JUILLET 1792.

Das Betragen Jesu gegen seine Feinde (La conduite de Jésus envers ses ennemis). *Geschildert in einer Amtpredigt*

---

[1] Voir *Argos*, t. I, p. 209.

*über Matth. V, 20. 21, am 5ten Sonntage nach Pfingsten,
im 4ten Jahre der Freiheit, von E. Schneider.* Strasbourg,
J. Stuber. 14 p. in-8°.

Après avoir dépeint la vie de Jésus-Christ l'orateur termine son sermon en disant : «Tâchons, mes frères, d'imiter Jésus ! Apprenons à son
exemple comment nous aussi nous devons nous comporter envers nos
ennemis. Nous aussi nous endurons des mortifications et des persécutions, nous aussi nous avons nos envieux, nos ennemis. Agissons envers
eux, comme Jésus agissait envers les siens !

«Soyons magnanimes, prévoyants, fermes! Magnanimes, en rendant
le mal qu'on nous fait, non par le mal, mais par le bien ; prévoyants, en
ne nous exposant pas de gaîté de cœur et en ne négligeant point le bien
que nous pourrions faire encore ; fermes, en ne déviant pas du chemin
de la vertu et de la vérité, quand même cela nous conduirait dans l'af-
fliction et dans la misère et même si cela devait nous coûter la vie. Que ton
exemple, digne maître, ami et modèle de tes disciples, nous guide, oui
Jésus, c'est toi que nous voulons imiter !»

—

2 JUILLET 1792.

*Adresse mehrerer Bürger Strassburgs an die National-
Versammlung* (Adresse de plusieurs citoyens de Strasbourg
à l'Assemblée nationale) [1]. 5 p. in-8°.

L'auteur de cette adresse, E. Schneider, dénonce à l'Assemblée nationale le Prince-évêque de Bâle à cause des hostilités exercées contre
les habitants de Delle. «Cette adresse fut signée», ainsi que le rapporte
l'*Argos,* «par environ 500 personnes, la plupart artisans et sans-culottes».

—

3 JUILLET 1792.

Argos oder der Mann mit hundert Augen (Argus ou
l'homme aux cent yeux), *von Eulogius Schneider.* Strasbourg, J. Stuber, 1792-1794. 4 sémestres in-8°, formant
ensemble 2144 pages.

[1] *Argos,* t. I, p. 20.

Le premier numéro de ce journal parut le 3 juillet 1792 et le dernier est du 16 juin 1794. Il se publiait les mercredis et les vendredis de chaque semaine et son prix était de 8 livres pour l'année. Il contenait des articles de fond de Schneider, et d'autres personnes, des résumés des travaux de l'Assemblée ou de la Convention nationale, des nouvelles des théâtres de la guerre et des faits divers. Depuis le n° 73 du 18 décembre 1793 Butenschœn prit la rédaction de cette feuille, qui n'avait alors que 80 abonnés. Le 16 juin 1794 elle changea de titre pour prendre celui de *Republikanische Chronick* (Chronique républicaine).

Nous extrayons de l'*Argos*, devenu tellement rare, qu'à peine il en reste encore des exemplaires complets [1], les pièces les plus saillantes sorties de la plume de Schneider, en les intercalant dans l'ordre chronologique parmi ses autres publications.

---

3 JUILLET 1792.

Contre la Pétition en faveur de la suspension des Sociétés populaires [2], mémoire publié par E. Schneider [3]. 6 p.

«Je ne veux pas me faire le panégyriste des Sociétés populaires,» dit Schneider, «je ne veux point répéter ce que tous les hommes sans préjugés doivent savoir, que ce sont les Sociétés populaires qui ont dévoilé tous les plans de la cour et des agents infidèles, que c'est à elles que l'on doit, en majeure partie, d'avoir des hommes éminemment patriotiques au timon de l'État; mais j'observerai seulement que de demander la suspension des Sociétés populaires, c'est se révolter contre ses propres intérêts.

«Si ces Sociétés n'ont pas constamment répondues à leur véritable but, si des abus s'y sont glissés et si elles ont dégénéré, ce n'est pas pour cela une raison de les suspendre; car, nous le savons, nulle constitution civile, aucune institution religieuse ou politique ne sont à l'abri d'être entachées d'abus et de dégénérer. Au lieu de demander la suspension des

---

1 Des personnes dignes de foi, de l'époque, nous ont assuré que beaucoup d'abonnés à l'*Argos*, lorsque son auteur et ses adhérents furent poursuivis, détruisirent leur collection du journal, afin de faire disparaître toute trace de leurs liaisons avec les jacobins.

2 Cette Pétition, adressée à l'Assemblée nationale, avait été faite à l'instigation du Maire Dietrich.

3 *Argos*, t. I, p. 3.

Sociétés populaires on devrait faire une adresse au peuple dans laquelle on lui ferait connaître le véritable but de ces Sociétés en l'adjurant de veiller, plus que jamais, sur la bonne cause. »

---

6 JUILLET 1792.

Aux patriotes non corrompus de la vallée de Münster, par Euloge Schneider [1]. 4 p.

Pendant son séjour dans la vallée de Münster, Schneider participa à l'érection de l'arbre de la liberté à Soultzbach, sur le tronc duquel il fit graver la strophe suivante :

Wer das Gesetz verehrt
Den Staat bezahlt, den Nächsten liebt,
Für's Vaterland sein Leben giebt
Der ist der Freiheit werth!

(Celui qui respecte la loi, qui paye ses contributions à l'État, qui aime son prochain, qui donne sa vie à la patrie, celui-ci est digne de la liberté!)

De retour à Strasbourg, Schneider adressa une lettre aux habitants de la vallée de Münster, «vallée dans laquelle, dit-il, si je n'avais point juré de mourir au poste que la Providence m'a assigné, je terminerais ma vie dans la jouissance de la belle nature. » Il joignit à sa lettre une poésie sur l'air : «Que tout Français fidèle,» que les habitants de la vallée de Münster l'avaient prié de leur composer en allemand et qui a été publié sous le titre :

Frankenlied auf den 14ten Julius (Chanson pour les Français, pour le 14 juillet) [2]. 4 p.

---

13 JUILLET 1792.

Sur la situation actuelle de la France, par Euloge Schneider [3]. 4 p.

---

1 *Argos*, t. I, p. 9.
2 *Id.*, p. 12.
3 *Id.*, p. 27.

«Citoyens!» dit Schneider, «bientôt vous apprendrez par vos législateurs que : *La patrie est en danger*. Ne tremblez pas à cette voix; elle ne proclame point notre ruine ; elle ne fait que vous éveiller, elle vous appelle à la vigilance, à l'activité, à la fermeté. Elle vous avertit d'être sur vos gardes contre vos ennemis ; elle vous exhorte à l'union, à la défense de vos droits.

«Nous restons isolés, tous les grands et petits tyrans de l'Europe sont contre nous ; une armée combinée de 200,000 Prussiens et Autrichiens est placée le long du Rhin et dans les Pays-Bas, attendant le jour favorable pour entrer en France et pour tomber sur nous; toutefois en restant unis, tous les pouvoirs de l'enfer ne sauront nous vaincre.

«Mais nous avons tant d'ennemis dans le sein de notre patrie même! Notre Constitution a déclaré la guerre à tant de mauvaises passions, à tant de folies et de vices, qu'il n'est pas étonnant qu'elle soit haïe par tous ceux qui se nourrissaient de préjugés, de superstition, d'imposture et de rapine. Elle a détruit la noblesse héréditaire, elle a ravi au clergé ses belles possessions, elle a imposé les uns comme les autres, elle a mis un frein aux juges et aux baillis et enfin à tous ceux qui s'abreuvaient de nos sueurs et de notre sang. Tous ces hommes sont ennemis de la Constitution et notre liberté ne sera reconquise avant d'être baptisée du sang de cent milliers. »

Schneider termine en proposant à l'Assemblée nationale : « Dans le cas où le Roi s'opposerait au décret adopté par elle, de le mettre en jugement et de le déclarer déchu de la couronne. »

---

15 JUILLET 1792.

Das Bild eines guten Volkslehrers (L'image d'un bon instituteur du peuple), *entworfen in einer Predigt über Matth. VII, 15, am 7ten Sonntage nach Pfingsten, von Eulogius Schneider, bischöflicher Vikar des Niederrheinischen Departements.* Strasbourg, Lorenz et Schuler. 16 p. in-8°.

Les qualités essentielles que Schneider indique et qui forment le bon instituteur du peuple doivent se trouver et dans sa raison et dans son cœur. Sa tâche consiste à distinguer les ténèbres de l'ignorance, à rompre les liens des préjugés et à conduire ses frères sur le vrai chemin de la vérité, de la vertu et de la félicité. Il ne doit pas être savant seulement, mais avant tout éclairé et homme de cœur.

L'orateur résume son sermon par les vers suivants :

« Der Priester, der nach Wahrheit strebet,
Sich über Niemand stolz erhebet,
Das Vaterland von Herzen liebt,
Beleidigungen gern vergiebt,
Durch Tugend nur sich unterscheidet,
Und sich wie andre Menschen kleidet,
Der ist, wie Christus ihn begehrt,
Der ist der Franken Liebe werth.

« Der Priester, der das Volk empöret,
Die Ruhe der Gemüther störet,
Vernunft, Gesetz und Freiheit hasst
Vom Schweisse guter Bürger prasst,
Des Vaterlandes Feinde schützet,
Mit Wort und That sie unterstützet,
Der handelt nicht, wie Christus spricht,
Dem, edle Franken, trauet nicht. »

(Le prêtre qui poursuit la vérité, qui ne s'élève fièrement au-dessus de personne, qui aime sa patrie de tout son cœur, qui pardonne volontiers les offenses, qui ne se distingue que par sa vertu et qui s'habille comme les autres hommes, celui-ci est, comme le Christ le désire, digne de l'amour des Français.

Le prêtre qui soulève le peuple, qui trouble les âmes, qui haït la raison, la loi et la liberté, qui se nourrit de la sueur des bons citoyens, qui protège les ennemis de la patrie et les soutient par sa parole et ses actions celui-ci n'agit pas dans le sens du Christ, nobles Français, n'ayez point confiance en lui.)

---

22 JUILLET 1792.

Discours sur la question : Si le Roi n'est pas dans le cas d'être censé d'avoir abdiqué la couronne ? Prononcé à la Société des amis de la Constitution séante au Miroir, par Euloge Schneider, Notable de Strasbourg, l'un des membres de la dite Société. (Sans lieu d'impression.) 16 p. in-8°·

L'orateur répond affirmativement à la question qu'il s'était posée.

Le Maire Dietrich signala, dans une séance du Conseil municipal, à laquelle Schneider n'avait pas été convoqué, ce discours comme un libelle diffamatoire et il nomma une Commission pour en faire un rapport [1].

Ce même discours, traduit en allemand, se trouve dans le *Journal politique de Strasbourg* [2], t. II, p. 784, sous le titre : Le Roi des Français entretient-il leur danger ?

———

24 JUILLET 1792.

Comment pourrons-nous sauver notre liberté? Par Euloge Schneider [3]. 15 p.

D'après l'auteur il n'existe que deux moyens pour atteindre ce but : celui de la condescendance ou celui de la fermeté. «Nous n'avons que l'alternative,» dit-il, «ou de laisser Louis XVI continuer à faire comme par le passé ou de le destituer d'après l'article 5, chapitre II, section 1re de notre Constitution.» Examinant ensuite s'il serait prudent ou dangereux de destituer Louis XVI, l'orateur continue : «Je pense qu'il serait plus dangereux de le maintenir que de le congédier. Croyons-nous par là aigrir davantage contre nous les tyrans alliés? Oh ! c'est en quoi nous nous trompons fortement. Leur fureur contre nous est à son comble et elle ne peut être augmentée. Ils ne nous font pas la guerre en faveur de la personne de Louis XVI, qu'ils regardent comme notre prisonnier, mais ils la font contre nos principes.»

———

1er AOUT 1792.

Réflexions politiques sur la question : Si le Roi n'est pas, d'après l'acte constitutionnel, censé avoir abdiqué la couronne, proposées à la Société des amis de la Constitution de Strasbourg, séante au Miroir, par Euloge Schneider, Notable de Strasbourg et membre de la dite Société. (Sans lieu d'impression.) 16 p. in-8°.

Ces Réflexions ont paru aussi en langue allemande dans le *Journal po-*

———

1 *Argos*, t. I, p. 71.

2 *Strassburgisches politisches Journal, eine Zeitschrift für Aufklärung und Freiheit, herausgegeben durch Friedrich Cotta, Bürger von Frankreich. Strassburg, 1792. 2 vol. in-8°.*

3 *Argos*, t. I, p. 49 et 54.

litique de Strasbourg, t. II, p. 799, sous le titre : Comment les Français doivent-ils désarmer leur Roi ?

---

10 AOUT 1792.

Encore un mot sur la déchéance de Louis XVI. Prononcé à la Société des amis de la Constitution de Strasbourg, par Euloge Schneider, Notable de la Commune, l'an IV de la liberté. (Sans lieu d'impression.) 8 p. in-8°.

A la suite de ce discours qui commence par les mots : «Citoyens! le voile est déchiré : la perfidie du pouvoir exécutif est démontrée. Il n'y a que *les honnêtes gens à la Lafayette* qui puissent en douter,» Schneider propose au club l'Adresse suivante :

«Législateurs!

«Louis XVI est à nos yeux un ingrat, un parjure, un traître. Il est indigne de gouverner un peuple libre. Nous demandons que vous prononciez sa déchéance en vertu de la Constitution. Nous mourrons tous pour exécuter vos décrets. Tel est le vœu des soussignés Citoyens de Strasbourg.»

Cette adresse fut adoptée, couverte des signatures de tous les membres de la Société et envoyée à l'Assemblée nationale.

---

11 AOUT 1792.

Réflexions sur les adresses du Conseil général de la Commune de Strasbourg, contre la destitution de Louis XVI. Énoncées à la Société des amis de la Constitution de Strasbourg, par Euloge Schneider, Notable de la Commune, l'an IV de la liberté. (Sans lieu d'impression.) 16 p. in-8°.

L'orateur annonce aux membres de la Société que leurs frères Laveaux et Simond ont reçu l'ordre de l'autorité militaire, de quitter la ville, et dénonce les deux Adresses des membres du Conseil général de la Commune et d'une grande partie de citoyens de la ville de Strasbourg, l'une à l'Assemblée nationale, l'autre au Roi.

C'est à la suite de l'envoi de ces deux Adresses que le maire Dietrich fut mandé à la barre de l'Assemblée nationale, par un décret du 18 août 1792, et que la municipalité de Strasbourg fut suspendue.

Voici le texte des deux Adresses si néfastes pour l'Administration et pour la plus grande partie des citoyens de Strasbourg. Nous les faisons suivre de la lettre-circulaire dont la municipalité les accompagna en les faisant connaître aux citoyens de la ville.

A L'ASSEMBLÉE NATIONALE.

Législateurs,

Le Maire de Paris est venu au nom de la majorité des sections de cette ville, vous demander de prononcer la déchéance du Roi. Nous n'examinons pas si ce vœu a été légalement ou illégalement recueilli ; mais fut-il unanime, nous n'envisagerions pas moins son accomplissement comme le comble de tous nos maux.

La Constitution a déterminé les cas où le Roi peut être déclaré déchu. Le Roi n'est point à la tête des armées étrangères ; il s'est opposé, par un acte formel, à leur invasion ; il est au milieu de nous ! on ne compose pas avec la loi, nous ignorons l'art de la faire servir à sa propre destruction.

Elle nous appartient aussi, cette Constitution que nous avons juré de maintenir et que nous défendrons au prix de tout notre sang. Il nous appartient aussi le droit d'exprimer notre vœu pour sa conservation, à nous qui l'avons acceptée par choix, à nous qui combattons pour elle, et à la place des déclamateurs qui la déchirent ; ils veulent la ruine de la Patrie, la défection de tous les fonctionnaires publics, la dissolution de l'armée, l'invasion des étrangers, la guerre civile, lorsque la perspective déchirante de tous les maux qui fondent sur notre Patrie devrait nous rallier sous le joug de la loi.

Législateurs, rappelez-vous vos serments ! Nous resterons fidèles nous à ceux que nous avons prêtés : ce n'est qu'à la Constitution que nous avons promis d'obéir, nous méconnaissons toute autorité qui ne s'exprime pas en son nom ; le jour où elle sera violée, nos liens seront brisés, nous serons quittes de nos engagements.

Nous vous demandons de conserver au Roi les pouvoirs que la Constitution lui a délégués ; le moment où ces pouvoirs pourraient paraître ne plus exister, serait celui où nous désespérerions du salut de l'empire et de la situation de ces départements menacés par des forces si supérieures.

Nous demandons enfin, qu'il soit mis un terme, par des loix sévères, aux déclamations séditieuses qui tendent à dénaturer les pouvoirs constitutionnels : porter atteinte à l'un, c'est préparer la ruine de l'autre, c'est bouleverser l'empire et seconder les efforts de ses ennemis.

Strasbourg, le 9 août 1792.

AU ROI.

SIRE,

Les citoyens de Strasbourg, qui ont juré de mourir pour la Constitution, ont aussi juré la conservation des droits qu'elle vous assure, comme Représentant héréditaire de la Nation. Les citoyens de Strasbourg se portent avec ardeur à l'armée du Rhin pour y combattre ceux qui menacent d'envahir nos frontières ; c'est dans ce imminent péril, Sire, qu'il faut prouver aux Français que vous avez juré sincèrement le maintien de la Constitution ; c'est à présent qu'il faut franchement manifester vos sentiments, proscrire tous nos ennemis sans exception, choisir scrupuleusement les dépositaires du pouvoir que la Loi vous a confié parmi les hommes qui se sont fortement prononcés pour la Constitution, menacer de votre indignation le très grand nombre de vos agents qui par leur coupable mollesse ont contribué au danger de la Patrie, et celles des personnes qui vous entourent, qui conserveraient avec nos ennemis des liaisons et des rapports criminels : qu'une prompte révocation leur annonce, que vous voulez la Constitution ; ils sont coupables, ils ont provoqué les excès qui ont excité notre indignation. Si, comme nous le croyons, ces sentiments sont gravés dans votre cœur, nous nous ensevelirons sous les ruines de l'Empire, plutôt que de souffrir que la Constitution reçoive la moindre atteinte. Telles sont nos résolutions, nous les annonçons à tous les corps constitués, aux Généraux, aux armées, à la nation entière. Mais quels que soient les événements nous vous annonçons à vous même, Sire, que nous voulons vivre libres ou mourir.

Strasbourg, le 9 août 1792.

CIRCULAIRE ADRESSÉE AUX CITOYENS DE STRASBOURG.

Strasbourg, le 12 août 1792, l'an IV de la liberté.

MESSIEURS !

Nous avons l'honneur de vous communiquer l'expression des sentiments de notre Commune pour la conservation de la Constitution ; occupés à combattre pour elle, nous sommes plus à portée de juger les dangers auxquels l'empire se trouverait exposé par des mesures extrêmes et inconstitutionnelles. Nous ne faisons pas grâce au pouvoir exécutif de ses fautes ; mais en anéantir dans ce moment de crise le dépôt entre les mains de Louis XVI serait en livrer la conquête au choc des partis, et porter à son comble une division qui nous ôterait jusqu'à l'espoir de pouvoir résister aux forces supérieures ennemies dont nous sommes assaillis de toute part. Ce n'est qu'en nous ralliant à la Constitution, que la Patrie peut être sauvée.

Les Membres composant le Comité permanent du Conseil général de la Commune,

DIETRICH, Maire; LACHAUSSE, SALZMANN, LAURENT, FRŒREISEN, CASPARD NOISSETTE, Officiers Municipaux; SCHWEIGHÆUSER, MAYNO, PASQUAI, HEITZ, Notables.

---

21 AOUT 1792.

Sur la suspension ou la destitution provisoire de Louis XVI, par E. Schneider [1]. 8 p.

L'article conclut en disant : «Et en effet l'Assemblée nationale, vu la position critique dans laquelle elle se trouve, n'a pas pu agir autrement. Le Roi fut un traître, la Nation l'a reconnu comme tel; il n'y avait plus rien à espérer de lui, il n'y avait plus de moyen de le reconduire sur la bonne voie. Un vœu unanime demande sa destitution. »

---

24 AOUT 1792.

Appel à mes concitoyens sur les prochaines élections primaires, par E. Schneider [2]. 8 p.

Toutes les Assemblées primaires ayant été convoquées pour le 26 août, en vertu de la loi du 12 août 1792, Schneider adressa un appel à ses concitoyens, dans lequel il leur disait : «Nous sommes appelés à élire des électeurs qui à leur tour auront à élire les Représentants de la Nation souveraine. Tout dépend du résultat de nos élections. Élisons-nous de mauvais électeurs, nous aurons de mauvais Représentants, et il ne sera pas remédié à nos malheurs et à nos doléances, les fautes de notre Constitution ne seront point corrigées, nous courrons le risque de retomber dans l'abîme duquel la fermeté de nos législateurs vient de nous sauver. Soyez donc vigilants, citoyens, soyez prudents, soyez circonspects ! Regardez soigneusement autour de vous et sondez les esprits avant d'écrire. Chaque nom que vous écrirez contient ou la prospérité ou la malédiction pour vous et les vôtres.

---

1 *Argos*, t. I, p. 113.
2 *Id.*, p. 120.

«Il faut ,» continue-t-il , «qu'un électeur soit un homme d'esprit , un homme probe, désintéressé, actif, ferme et persévérant.

«…. Ne vous fiez pas aux nobles et aux courtisans,» ajoute-t-il , «car la noblesse héréditaire est un péché originel qui ne se lave par aucun baptême. »

————

28 AOUT 1792.

Aux électeurs du Bas-Rhin, par E. Schneider. (Sans lieu d'impression.) 8 p. in-8°.

Ce fut avant l'élection des Représentants du peuple, devant avoir lieu à Haguenau le 1er septembre, pour tout le département du Bas-Rhin, que Schneider publia cette adresse aux électeurs. Après avoir développé les raisons pour lesquelles Haguenau, «ville bien moins sous l'influence des aristocrates, des nobles, des flatteurs et des courtisans,» avait été désignée pour cette élection, il fait connaître pourquoi les électeurs recevront pour frais de route 20 sous par lieue et 3 livres chaque jour. «Sans cela,» dit-il, «il n'y aurait que les riches qui eussent pu devenir électeurs. »

————

31 AOUT 1792.

Sur la conduite de Luckner, par E. Schneider [1]. 8 p.

Schneider expose dans cet article les griefs que le pouvoir exécutif avait eus en déposant le Maréchal Luckner, comme Général en chef, auquel on reproche surtout son trop grand attachement au Roi déchu.

————

7 SEPTEMBRE 1792.

Journal de l'élection des Représentants à Haguenau, par E. Schneider [2]. 14 p.

«Si l'*Argos*,» dit l'auteur de ce journal, «eut jamais besoin de ses cent yeux ce fut pendant les jours des élections à Haguenau et l'on voit que l'Assemblée nationale a eu des motifs bien fondés pour ne pas fixer comme lieu des élections le chef-lieu du département, mais une petite ville où la cabale n'a pas pu se développer avec tant de forces. »

————

1 *Argos*, t. 1, p. 137 et 166.
2 *Id.*, p. 153 et 161.

14 SEPTEMBRE 1792.

Aux citoyens de Strasbourg, par E. Schneider [1]. 7 p.

Schneider fait part à ses concitoyens des terribles massacres des journées du 2 au 7 septembre. «L'ami de l'homme,» dit-il, «gémit à la vue de pareilles scènes de sang, car c'est le sang de nos frères qui coule : Dieu merci, nous n'avons pas encore vu à Strasbourg de pareilles scènes et j'ai la confiance en Dieu et dans le caractère paisible, modéré et humain de mes concitoyens que nous n'en serons point témoins dans l'avenir.»

———

19 SEPTEMBRE 1792.

Euloge Schneider, Commissaire municipal à Haguenau, aux citoyens de cette ville [2]. 5 p.

Envoyé par le Département à Haguenau pour y administrer la Municipalité comme Commissaire, Schneider adressa cette proclamation aux citoyens de cette ville : «Les circonstances dans lesquelles nous vivons,» dit-il, «imposent à vos administrateurs des devoirs particuliers. Nous appartenons à une grande nation qui a déchiré les liens du despotisme et qui s'occupe maintenant d'établir pour toujours sa liberté : Il faut qu'un peuple libre soit aussi un peuple éclairé et vertueux. S'il n'est pas éclairé, il ressemble à un aveugle qui est obligé de se laisser conduire à discrétion. S'il n'est pas vertueux, il ressemble à un malade qui ne peut pas jouir des bonnes choses qu'on lui offre. La superstition et le vice sont les plus cruels ennemis de la liberté.»

A la fin de sa proclamation Schneider ajoute : «Que la ville de Haguenau soit unie, tranquille et heureuse sous mon administration ! Ceci est mon vœu le plus ardent, ainsi que celui de mes collègues. »

———

21 OCTOBRE 1792.

Die Rache des Weisen und des Christen (La vengeance du sage et du chrétien). *Eine Amtpredigt über Matth. XVIII, 32. 33, in der bischöflichen Pfarrkirche zu Strassburg gehalten, den 21ten Sonntag nach Pfingsten, von Eulogius Schneider.* Strasbourg, Lorenz et Schuler. 14 p. in-8°.

---

[1] *Argos*, t. I, p. 169.
[2] *Id.*, p. 185.

Dans la préface de ce sermon nous lisons ce qui suit : «Je ne fais imprimer ce sermon que parce que j'ai dû être fusillé en chaire lorsque je le prononçai. Je puis affirmer avec certitude à mes lecteurs et à mes amis qu'en effet plusieurs volontaires étaient intentionnés de me faire périr de cette manière. Des êtres misérables, qui maintenant n'osent plus se lever contre moi, cherchèrent à faire croire aux volontaires en logement chez eux que le dimanche suivant (le passé maintenant) un prédicateur aurait le front de nier l'existence de Dieu, et cela du haut de la chaire de la Cathédrale. Que l'on s'imagine quel effet cela faisait sur ces soldats, ignorant notre langage et nos mœurs. Est-il donc possible de mentir si impudemment? Mes ennemis ont-ils donc perdu la raison? Supposons aussi qu'un soldat fanatique m'eût fusillé, que seraient devenus les moteurs de cet assassinat?

«Accoutumé déjà depuis si longtemps à affronter tous les dangers, je ne puis que sourire à de pareilles tentatives. Ma devise fut et sera toujours : *Fais le bien et ne crains personne!*»

Après avoir développé dans son sermon en quoi consiste la plus noble vengeance de l'homme de bien et du chrétien, l'orateur termine en disant : «Voulons-nous nous venger de nos ennemis d'une manière glorieuse et honorable, il faut que nous leur pardonnions, il faut les traiter avec magnanimité. Un pareil procédé confond l'ennemi et nous couvre de gloire. Générosité envers nos ennemis, c'est la vengeance la plus glorieuse.»

L'auteur d'un article sur ce sermon, inséré dans le livre *Les récents événements religieux en France* [1], dit : «Euloge Schneider fut un de ces hommes de courage, qui luttaient contre le parti très-puissant des Feuillants et des tyrans à Strasbourg ; en démasquant les hypocrites les plus rusés il se famaliarisa chaque jour avec la mort que nul véritable ami de la patrie n'ose craindre.»

---

28 OCTOBRE 1792.

Das Betragen eines aufgeklärten und christlichen Patrioten gegen die sogenannten Nichtconformisten (Le procédé d'un patriote éclairé et chrétien envers les soi-disant Non-conformistes [2]). *Eine Predigt über Matth. XVIII, 32. 33, am*

---

1 *Die neuesten Religionsbegebenheiten in Frankreich*, t. II, p. 158.
2 On appellait alors Non-conformistes, les catholiques qui ne fréquen-

*24ten Sonntag nach Pfingsten gehalten in der Domkirche zu
Strassburg, von Eulogius Schneider, im IIIten Jahr der
Freiheit.* Strasbourg, Lorenz et Schuler. 14 p. in-8°.

«L'esprit de l'Évangile,» dit l'orateur, «c'est l'esprit d'amour. Et cet amour doit s'étendre sur tous les hommes, même sur nos ennemis. Quel mérite avez-vous, si vous n'aimez que ceux qui vous font du bien? Les payens ne font-ils pas de même? Mais moi je vous dis: Priez pour vos ennemis et faites du bien à vos persécuteurs.

«Nous fûmes prisonniers: Dieu nous délivra des chaînes de l'esclavage et nous rendit hommes et citoyens libres. — Quelques-uns de nos frères ne pensent point comme nous; ils se conforment toutefois aux lois de l'État, mais ne les approuvent pas. Notre nouvelle organisation de l'administration ecclésiastique leur paraît injuste, ils se retirent des temples de leurs ancêtres et s'assemblent dans des temples privés pour y adorer le Dieu de leurs pères d'après leur manière et d'après leur croyance. — Devons-nous leur porter inimitié, devons-nous injurier ou maudire ces frères respectables au fond, qui tout au plus se trompent peut-être. Devons-nous les troubler dans leur dévotion et les contrarier dans la jouissance d'une liberté que les administrateurs publics furent obligés de leur accorder? Devons-nous les moins aimer, être moins familiers avec eux, et les traiter moins fraternellement, parce qu'ils n'ont pas les mêmes sentiments que nous, touchant la religion? Non, mes frères, c'est ce que nous ne devons pas faire, nous devons plutôt les aimer franchement comme nos semblables, comme nos concitoyens, et comme nos frères en Christ: nous devons les faire jouir pleinement de la protection de la loi, ainsi que de la liberté de leur croyance; nous ne devons pas leur en vouloir à cause de leurs opinions; nous ne devons former qu'une seule famille avec eux. S'ils nous damnent, nous les bénirons, s'ils nous fuient, nous les attirerons à nous par nos bienfaits, s'ils ont peur, nous les soutiendrons. Ceci, mes frères, est notre devoir, ceci est le procédé que nous prescrivent et l'Évangile et la prudence.»

---

29 OCTOBRE 1792.

Kriegslied der Marseiller (Chant de guerre des Marseillais), traduit en allemand par E. Schneider. 2 p. in-8°.

---

taient pas les églises où officiaient les prêtres qui avaient prêté le serment à la Constitution. Ces catholiques s'assemblaient dans des maisons particulières et en cachette où ils furent souvent troublés dans l'exercice de leur culte.

Le capitaine au corps du génie F. Rouget (de Lisle) (c'est ainsi qu'il écrivait son nom) composa, le 5 avril 1792, cette poésie ; elle parut sous le titre : *Chant de guerre pour l'armée du Rhin, dédié au Maréchal Luckner. A Strasbourg, de l'imprimerie de Ph.-J. Dannbach, imprimeur de la municipalité, in-4° oblong, 4 p. avec la musique.* Ce ne fut qu'après que les Marseillais l'eurent chantée à leur entrée dans Paris, le 30 juillet 1792, qu'elle eut le nom de chant des Marseillais ou de la Marseillaise. Après avoir été exécuté à Paris, le 14 octobre 1792, à la fête de la victoire remportée par nos armées, ce chant fut popularisé à Strasbourg et y remplaça le Ça-ira. Lorsque, le 28 octobre, on y célébrait la même fête «l'hymne soi-disant Marseillaise fut chantée sur la Place d'Armes, sous le tonnerre des canons, avec une plus grande ferveur que jamais Te Deum fut chanté» [1].

4 NOVEMBRE 1792.

Discours prononcé à l'occasion de la fête civique, célébrée à Haguenau, le 4 novembre 1792, l'an Ier de la République, par Euloge Schneider, citoyen français, faisant provisoirement les fonctions de Maire de la dite ville. Haguenau, Sébastien Kœnig. 8 p. in-8°.

«Nos armes victorieuses,» dit l'orateur, «ont brisé le joug d'un peuple voisin : elles ont donné la liberté aux braves Savoisiens ; voici le motif de notre fête, voici le sujet de notre triomphe. Ce n'est plus le triomphe d'un roi orgueilleux sur un peuple innocent ; c'est le triomphe d'un peuple libérateur sur les tyrans d'une nation opprimée. Autrefois des évêques courtisans et des prêtres mercenaires outrageaient la providence, en la remerciant des forfaits des tyrans ; aujourd'hui des citoyens libres la vénèrent, en se réjouissant du bonheur des peuples. Ce n'est pas la soif des conquêtes, qui anime nos braves guerriers républicains ; c'est le désir de briser les fers du genre humain, et d'abattre la tête hideuse du despotisme. Déjà les drapeaux tricolores flottent sur les montagnes de la Savoie, déjà l'arbre de la liberté est planté à Chambéry, à Nice, à Montmélian ; déjà les vils satellites du petit roi de Sardaigne se cachent derrière les montagnes, pour se dérober au glaive exterminateur de la justice éternelle qui a prononcé la chute des oppresseurs et la résurrection de la liberté.»

---

[1] Voir *Geschichte der gegenwärtigen Zeit*, 1792, p. 1063.

Passant du théâtre de la guerre à la désunion des partis à Haguenau, cause de la mission de Schneider en cette ville, il examine avec ses auditeurs les moyens de les unir et dit : « Et quels sont donc les obstacles qui pourraient s'opposer à cette union ? Est-ce la diversité des opinions politiques ? — Mais la Providence n'a-t-elle pas décidé en faveur de la République ? Peut-on lutter contre le torrent ? Peut-on nourrir dans son sein des vœux inutiles, et des projets impossibles dans l'exécution ? — Ou bien est-ce la diversité des opinions religieuses, qui nous divise ? — Quoi ? Des hommes libres s'arrêteront encore à des disputes de théologie, à des schismes de prêtres, à des subtilités scolastiques ? Le principe fondamental de toute religion n'est-il pas l'amour des hommes et le désir de faire le bien ? Aimons donc les hommes, faisons le bien, et laissons les disputes aux prêtres. Puisse cette grande vérité pénétrer dans tous les cœurs ! Puisse ma faible voix réunir tous les bons citoyens de Haguenau ; et je dirais en mourant, que le jour où j'ai célébré avec eux le succès de nos armes libératrices en Savoie, était le plus beau jour de ma vie. »

A la suite de ce discours se trouve un Extrait des registres du Conseil général de la Commune de Haguenau, du 8 novembre, arrêtant que « le discours prononcé par le citoyen Euloge Schneider, à l'occasion de la fête civique au sujet des heureux succès de nos armes libératrices en Savoie, sera transcrit sur son registre et qu'il sera imprimé et distribué dans les deux langues aux frais de la Commune ».

———

28 NOVEMBRE 1792.

Discours sur le procès criminel de Dietrich, prononcé à la Société des amis de la République, le 25 novembre 1792, par Euloge Schneider [1]. 11 p.

« Hier, » dit l'orateur, « Frédéric Dietrich arriva dans nos murs et se trouve enfermé maintenant dans la même prison dans laquelle il a fait jeter le patriote Laveaux. Le glaive de la loi est suspendu sur sa tête... Je prends Dieu à témoin que je n'ai eu jamais l'intention de nuire à la personne de cet homme, ni par mes écrits, ni par mes paroles ; ce ne fut que la ferme conviction qu'il conduirait mes concitoyens peu à peu au bord du précipice, ce ne fut que le désir de démasquer un homme qui abusa de la considération dont il jouissait, qui aient pu me décider à commencer une guerre qui se décidera maintenant par la loi.

———

1 *Argos*, t. I, p. 353.

«Loin de moi la partialité, la vengeance et l'amour-propre; un prisonnier est un malheureux, et chaque malheureux a droit au ménagement et à l'équité. Il ne doit régner dans l'examen de cette cause que l'amour de la vérité et le zèle pour la bonne cause. »

Schneider fait suivre ce discours du résumé de l'acte d'accusation contre Frédéric Dietrich, ci-devant Maire de Strasbourg.

Frédéric Schœll inséra ce discours dans ses publications sur Frédéric Dietrich, ci-devant Maire de Strasbourg, 6me cahier, p. 86 et suiv., avec des notes explicatives en faveur de celui-ci.

———

4 DÉCEMBRE 1792.

Délibération du Conseil municipal de la ville de Haguenau [1]. 4 p.

Schneider, en sa qualité de Commissaire faisant les fonctions de Maire à Haguenau, fit prendre par le Conseil municipal de cette ville un arrêté relatif au cours forcé des assignats. Une amende de 25 livres et du double en cas de récidive est infligée à chaque individu qui refuserait d'accepter les assignats en paiement. L'article VI porte que le nom de chaque contrevenant à cet arrêté serait écrit sur un tableau exposé devant la maison commune.

———

21 DÉCEMBRE 1792.

L'élection municipale d'Abdère, par E. Schneider [2]. 6 p.

Diatribe dirigée contre les Strasbourgeois et le ci-devant Maire Dietrich.

———

15 JANVIER 1793.

Considérations sur l'esprit public et sur la position actuelle de la ville de Strasbourg, par E. Schneider [3]. 18 p.

Après avoir fait le résumé de tout ce qui s'est passé depuis le commencement de la Révolution à Strasbourg, Schneider se plaint beaucoup de l'état de l'esprit public qui règne dans cette ville.

———

1 *Argos*, t. I, p. 389.
2 *Id.*, p. 393.
3 *Id.*, t. II, p. 50, 56 et 76.

30 JANVIER 1793.

Euloge Schneider, aux lecteurs du journal *Histoire du temps actuel*[1]. 2 p.

Schneider annonce que, Meyer, l'un des rédacteurs de ce journal, étant parti pour l'armée et Simon, l'autre rédacteur, ayant joué un des premiers rôles à Paris dans la journée du 10 août, le journal rédigé par eux cesserait de paraître.

Il ajoute qu'il avait rédigé ce journal pendant les mois de juillet, août et septembre, mais que la mission qu'il avait reçue pour Haguenau l'empêchait de continuer plus longtemps à rendre ce service à la patrie et à l'amitié.

Il se plaint de ce que ce journal avait eu si peu d'abonnés ; il paraît, ainsi que cela est le cas de son *Argos,* que le public a voulu le laisser mourir de faim, tandis que d'autres journaux qui tournent comme des girouettes, font de bonnes affaires. « Mais cela ne m'empêchera pas de continuer mon *Argos,* » dit Schneider; « il paraîtra et dût-il me coûter mon dernier liard. Afin que les bons patriotes ne manquent pas de nourriture, j'augmenterai encore l'*Argos* d'une feuille par semaine. Je prie donc tous les amis de la République de me soutenir dans cette entreprise. Ils me trouveront toujours fidèle à mes principes. »

—

3 FÉVRIER 1793.

Die Aeusserungen Jesu über die Fanatiker und Feuillants seiner Zeit (Les déclarations de Jésus sur les Fanatiques et les Feuillants de son temps). *Eine Predigt über Lukas VIII, 5. 11, am Sonntag Sexagesimæ gehalten von Eulogius Schneider, republikanischer Religionslehrer.* Strasbourg, J. Stuber. 16 p. in-8°.

«Pas tous ceux», dit Schneider dans ce discours, «qui entendirent Jésus, obéirent à ses sages doctrines : ils furent trop adonnés aux préjugés, aux institutions humaines, à la sensualité et aux soins du mondain, pour pouvoir s'approcher d'une religion qui exige de ceux qui la professent la plus austère abnégation et une tendance continue et sans repos pour atteindre une plus haute perfection.»

—

---

[1] *Geschichte der gegenwärtigen Zeit,* 1793, p. 104.

19 FÉVRIER 1793.

Discours d'entrée en fonction de l'Accusateur public,
E. Schneider [1]. 2 p.

«Citoyens! N'attendez pas de moi un long discours; des paroles ne
sauvent point la République. Des actions, une vigilance rigoureuse, un
zèle infatigable et une fermeté inébranlable peuvent seuls dompter les audacieux et jeter les ennemis de la liberté dans la poussière. Je sens tout le
poids de la responsabilité dont je me charge; je prévois les dangers et les
obstacles que j'aurai à vaincre. Mais loin de moi le soin de mes intérêts
privés et un lâche égoïsme, s'il s'agit d'affermir le règne de la liberté et
de travailler au rétablissement des droits de l'homme. Par ce motif je
marcherai courageusement dans cette voie, plein de confiance en mes
collègues et dans l'appui de tous les loyaux citoyens. Je ne veux rien
qu'une République une et indivisible; à bas l'arbitraire des hommes, que
la loi seule règne. Que la méchanceté courbe sa tête devant la loi ou
tombe sous le glaive de la justice. Je ne veux rien que la justice!

«Voilà ma profession de foi à laquelle je m'oblige solennellement.
Si j'agissais jamais contre elle, citoyens, regardez-moi alors comme un vil
traître, que ma tête tombe sur l'échafaud! Mais il ne faut pas que vous
vous imaginiez que l'Accusateur public seul puisse remédier à tous les
maux de la patrie. Son office ne commence que là où l'office des jurés
finit. Il est nécessaire que le crime soit d'abord examiné par les officiers
de la police, par les jurés et par les tribunaux civils, avant qu'il puisse
être poursuivi par l'Accusateur public. Si à la vérité je suis autorisé par la
loi à veiller sur les officiers de la police, je ne suis pas en état de scruter
les cœurs des jurés et des juges. N'attendez donc pas plus de moi que ce
qui me sera possible, mais soyez assurés que je ferai mon devoir avec
toute la force, avec feu et avec dévouement. »

---

20 FÉVRIER 1793.

Circulaire aux juges de paix et aux officiers de police de la
sûreté publique, par E. Schneider, Accusateur public [2]. 3 p.

Schneider, en annonçant dans cette circulaire sa nomination d'Accu-

1 *Argos*, t. II, p. 147.
2 *Id.*, p. 153.

sateur public au tribunal civil du département du Bas-Rhin, dit : «Si j'avais eu égard à mes intérêts privés, je me serais bien gardé de m'engager dans une voie aussi épineuse, j'eus reculé devant une responsabilité qui s'augmentera de plus en plus avec l'accroissement des dangers et des ennemis de la patrie. Mais notre sainte liberté crie au secours, des tyrans la menacent du dehors, des traîtres la sapent à l'intérieur, — eh bien, je ferme mes oreilles aux lâches conseils de l'égoïsme, je me jette intrépidement à la mer, pour sauver avec votre aide le navire de la loi qui devant nos yeux est le jouet de terribles ouragans. Levez-vous pour dompter les méchants, les fauteurs de nos maux, pour conjurer la furieuse tempête par une vigilance exacte, par un zèle infatigable, un courage inébranlable et une impartialité sévère. Je serai toujours prêt à vous soutenir, pour traîner à l'échafaud le méchant qui osera se révolter contre la loi, contre la République, contre ses Représentants. Il est temps enfin que le désordre cesse, que la justice règne ; à bas l'aristocratie, à bas le fanatisme et l'avarice, à bas tous les vices engendrés par les maîtres de l'ancien Gouvernement !

«Oui, citoyens, je jure ici à la face de Dieu, qui nous créa tous hommes libres, à la face de la Patrie, qui observe chacun de nos pas, je jure de poursuivre avec une sévérité inexorable chaque ennemi de la loi. Mais il ne me sera pas possible de faire beaucoup, si vous ne vous réunissez à moi, pour éclaircir les ténèbres épaisses du vice, et si vous n'allumez point le flambeau de la justice vengeresse dans tous les antres de la méchanceté.

«Nous gémissons sur les malheurs qu'a provoqués la vengeance populaire dans quelques endroits de notre République. — Mais qui sont les criminels ? — Ce sont les juges, les officiers de police, qui, au lieu de prévenir par une sage sévérité ces désordres, ont attisé le feu en y mettant de l'huile. Le vice devient insolent et prend des formes gigantesques, s'il ne s'élève pas une main pour étouffer le monstre au moment de sa naissance. L'on parle alors de douceur et d'humanité ! — Ce n'est que de la cruauté, une cruauté qui crie au ciel, si l'on sacrifie le bien général en faveur de l'individu, c'est une honteuse lâcheté si l'on épargne par-ci par-là un citoyen sans se soucier du bonheur de la société entière. La mort du criminel est un bienfait envers l'honnête homme.

«Citoyens, le peuple vous a confié un poste auquel vous pourrez vous rendre éminemment utile à la patrie, mais aussi sa ruine se trouve en vos mains. Si vous ne répondez pas à la confiance que l'on place en vous, alors vous êtes doublement coupables et sachez alors que le glaive de la justice ne punit personne plus sévèrement que les employés infidèles de l'État.

«Du courage, de l'unité, de la fermeté, de la vigilance ! — Citoyens, ce sont les vertus que j'attends de vous. — De la prospérité, de l'amitié, de la fraternité à tous les amis de la République. Haine aux tyrans ! Punition au vice ! La justice ou la mort ! Telle sera notre devise !»

———

23 FÉVRIER 1793.

Sermon aux soldats, par E. Schneider [1]. 8 p.

«Guerriers de la République des Français,» commence Schneider, «enfin le procès entre la vertu et le vice vient d'être décidé. Louis Capet sur l'échafaud et Pelletier au Panthéon !

«A cette nouvelle terrible je vois pâlir les fronts des tyrans, déjà toute la canaille royale *(königliche Gesindel)* se met en mouvement d'un bout de l'Europe à l'autre, et la grande question de droit sera traduite suivant la très-haute et très-sage décision des despotes devant le tribunal des baïonnettes.

«Je m'arrête ici en vous demandant : Citoyens soldats, êtes-vous prêts à défendre la cause sacrée ? Avez-vous soif de la soif chaude après la liberté ? Pensez-vous l'étancher dans le sang des oppresseurs ? Enfin êtes-vous de dignes compagnons d'armes des héros de Jemmappes, de Lille et de Thionville ?»

Schneider termine son sermon en disant : «Encore une fois, soldats, réveillez-vous de votre sommeil, le despotisme vous avait avilis, la République vous relèvera.

«Fortifiés par de nouvelles vertus que la Patrie vous prescrit, unis par les liens d'une indissoluble fraternité, régénérés par tous les sentiments d'héroïsme et de dignité de l'homme, qui depuis des siècles dormaient en vous, vous vous dépêchez maintenant pour vous mesurer sur le champ de bataille avec les armées combinées des rois, et je vous dis moi : Les rois trembleront, l'orage furieux qu'ils vous ont préparé éclatera sur leurs propres têtes, et le tonnerre qu'ils font entendre servira demain à la glorification de la fête sublime que la France donnera à tout l'univers, à la glorification de l'alliance de l'humanité et de la liberté. Guerriers, c'est à vous de bénir cette alliance divine. Aux armes, mes frères, aux armes, la trompette sonne, la bataille, la fête commence !

———

12 MARS 1793.

De l'instruction publique, par E. Schneider [1]. 6 p.

L'auteur de cet article le commence en disant : «Occupez-vous donc enfin une fois de l'instruction publique! Implacable guerre à tous les méchants, à tous les ennemis de la Patrie, à tous les Aristocrates, Royalistes et Feuillants! voilà le devoir du Républicain. Il n'y a que l'instruction primaire qui soit une arme invincible dans cette guerre, hâtez-vous de le proclamer.

«Je ne parle pas ici seulement des enfants, leurs pères aussi ont besoin d'être instruits. Nous avons brisé nos chaînes! Et cela parce que nous cédions à l'instinct irrésistible de la nature. L'égalité s'en suivit, elle est le premier pas vers la liberté. Mais nous en sommes restés là, la nature ne disant mot sur le contrat social.

«Nous sommes très-ignorants pour tout le reste. Qu'avions-nous pu apprendre sous l'ancien régime? Quelles notions de respect pour la loi nous sont restées? Nous n'en possédions pas, car la force n'est pas la loi. . . .

«C'est pourquoi je vous dis que nous venons de naître, qu'il faut que nous apprenions à marcher. . . . Le plus longtemps que vous différerez l'instruction publique, d'autant plus vous répandrez de semence de discorde et de désunion prochaines. . . .

«Vous avez dit au peuple, qu'il est souverain. Vous avez énoncé ce principe éternel et vous en êtes restés là, sans dire au peuple, pourquoi, comment et quand il est souverain. Sans cette instruction indispensable vous ne lui auriez pas dit davantage que ce que les courtisans disent à leurs tyrans : «Vous êtes souverains, vous pouvez donc faire ce que bon vous semble!»

14 MARS 1793.

Récit impartial du procès criminel de Frédéric Dietrich, par E. Schneider [2]. 24 p.

Schneider fait connaître les débats du procès contre le ci-devant Maire Dietrich, devant le tribunal criminel de Besançon, auquel il a assisté comme témoin [3].

---

1 *Argos*, t. II, p. 185.
2 *Id.*, p. 193, 201, 209, 216, 233.
3 Voir sur le procès de Dietrich le Mémoire intitulé : Frédéric Die-

28 MARS 1793.

Des troubles dans diverses parties de la République, par E. Schneider [1]. 5 p.

Après avoir examiné les causes de la désunion des partis, tant à Paris que dans d'autres parties de la France, Schneider raconte «que même dans le club des Jacobins à Strasbourg une scène de discorde vient d'avoir lieu, on est allé jusqu'à se menacer de la lanterne ou de la guillotine. A Molsheim se trouvait réunie une horde de scélérats qui arborèrent les signes de rébellion. Une force armée de 2000 hommes se rendit dans cette ville et y rétablit la tranquillité. Dix-huit de ces rebelles ont été conduits enchaînés à Strasbourg et attendent leur jugement».

Schneider, après avoir annoncé que la nouvelle loi contre les rebelles, qui vient d'arriver à Strasbourg, prescrit de faire guillotiner chaque rebelle dans les 24 heures, termine cet article en disant :

«Et c'est ainsi, Messieurs les Aristocrates, les Fanatiques, les Autrichiens, les Prussiens, les Anglais, qu'échoueront aussi cette fois-ci vos plans ; la tranquillité sera maintenue, l'égaré sera ramené sur la bonne voie, le patriotisme sera protégé et la torche de la rébellion sera éteinte. Fiez-vous y, les Français et surtout les ci-devant Alsaciens sont trop prudents et trop bons pour se casser les cous afin de vous faire plaisir. Ils peuvent être un instant trompés, mais ils ne tardent point à ouvrir les yeux et leur vengeance ne tombera que sur leurs séducteurs.»

---

6 AVRIL 1793.

Le grand tocsin, par E. Schneider [2]. 7 p.

Dans cet article, après avoir rendu compte des nouvelles conspirations

---

trich, ci-devant Maire de Strasbourg, à ses concitoyens. Paris, 1793. 122 p. in-4°. — Acte d'accusation contre Frédéric Dietrich, ci-devant Maire de Strasbourg, avec les observations de ses défenseurs. Paris, 1793. 22 p. in-4°. — Interrogatoire de Frédéric Dietrich, devant le tribunal criminel du Département du Doubs. Paris, 1793. 7 p. in-4°. — Spach, L., Frédéric Dietrich, premier Maire de Strasbourg. Strasbourg, 1857. 142 p. in-8°.

1 *Argos*, t. II, p. 241.
2 *Id.*, p. 273.

qui s'étendaient sur toutes les parties de la République et dans nos armées, Schneider dit : «Quoiqu'il en arrive, je suis cependant convaincu que la République et la liberté remporteront la victoire. Des torrents de sang couleront, nos terres seront dévastées, mais la France sortira victorieuse de cette lutte. Déjà la Nation se lève pour la troisième fois et le grand jour qui vient de poindre culbutera les Royalistes et mettra fin à leurs espérances. Les Français ne furent jamais plus grands que quand le danger fut à son comble ! Les Prussiens se trouvèrent à Châlons et nous les avons dispersés ; ils sont maintenant à Landau et nous les en chasserons encore.»

---

18 AVRIL 1793.

Adresse à la Convention nationale, lue le 18 avril au club des Jacobins à Strasbourg, signée par tous les chauds patriotes et envoyée à la Convention [1]. 6 p.

Les citoyens sans-culottes de Strasbourg, après avoir fait dans cette adresse rédigée par Schneider de graves reproches aux Citoyens législateurs, écrivent : «Nous espérions que vous jugeriez le dernier de nos tyrans et que vous fonderiez une Constitution qui mettrait un terme à nos discussions et à notre malheur. Au lieu de vous occuper du salut commun de la patrie, vous avez perdu un temps précieux en examinant s'il fallait juger aussi un traître couronné.... Nous ne reconnaissons comme véritables amis de la Constitution que ceux, qui par leur vote : «Mort au tyran», se sont mis dans l'alternative ou de sauver la République ou de succomber avec elle !

«Législateurs, ne continuez pas plus longtemps à vous tromper. Oui, et nous le déclarons hardiment, oui, il y a des traîtres parmi vous ! Aussi longtemps que vous ne prononcerez pas un acte d'accusation contre Brissot, Vergniaud et consorts, vous aurez perdu notre confiance. Telle est notre pensée et c'est ce que désirent les sans-culottes de Strasbourg qui ont juré et qui répètent leur serment de s'ensevelir plutôt sous les ruines du monde, que d'entendre de nouveau au-dessus de leurs têtes le cliquetis des chaînes de l'esclavage.»

---

18 AVRIL 1793.

Veillez! car le temps des épreuves est arrivé, par E. Schneider [1]. 7 p.

«Le repos est doux et permis,» dit Schneider, «volontiers l'homme le souhaite à son frère. Mais il est des temps où le repos et l'inactivité deviennent des crimes graves, où l'on pèche plus par l'insouciance que peut-être même par des scènes passagères de meurtre. Le temps est-il venu où le peuple sort de son long sommeil et donne le défi au despotisme, la belle journée est-elle éclose, où une patrie doit être fondée, il n'y a qu'un coquin ou un être efféminé qui puisse alors se cacher. L'honnête homme, enthousiasmé par la perspective des beaux jours de liberté, s'avance et agit avec joie. Il s'expose intrépidement aux dangers qui surgissent à chaque grande révolution, sans laquelle ni Patrie, ni République ne peuvent être fondées.... Que l'étendard de la liberté flotte sur nos têtes ; malheur à celui qui ne s'associe pas à nous, qui, dans ce moment décisif, n'emploie pas toutes ses forces et ne travaille pas nuit et jour, afin de pouvoir dire en face à tous les despotes : J'ai une patrie, je suis un homme libre !»

———

23 AVRIL 1793.

Du Comité central des douze Sections de la ville de Strasbourg [2], par E. Schneider [3]. 7 p.

Schneider annonce que le Comité central des douze Sections a envoyé une députation à la Convention nationale qui a prononcé à sa barre le discours suivant :

---

1 *Argos,* t. II, p. 313.

2 Après l'abolition des tribus, en 1790, les citoyens s'assemblèrent chaque dimanche après midi, dans les lieux de réunion assignés à chacune des douze Sections, dans lesquelles se trouvait alors divisée la ville de Strasbourg, pour entendre la lecture des lois et arrêtés nouveaux et pour y discuter sur des sujets relatifs au bien public de la ville. Un Comité central composé des Présidents et Secrétaires de chaque Section, réuni en permanence à l'ancienne tribu des Marchands, le Miroir, dirigea l'ensemble des travaux des douze Sections. Par arrêté du 6 novembre 1793, des Représentants du peuple près l'armée du Rhin, St-Just et Lebas, les Sections furent closes et leurs Présidents et Secrétaires furent arrêtés.

3 *Argos,* t. II, p. 329.

Discours prononcé à la barre de la Convention nationale par les Députés des douze Sections de la Commune de Strasbourg [1], le 1er avril 1793. Paris, 7 p. in-8o [2].

«Citoyens-Législateurs,

«Nous sommes chargés, comme Députés de la Commune de Strasbourg, de vous apporter le vœu de ses douze Sections, réunies en permanence.

«La consternation et la terreur régnaient au milieu de nous, frappés successivement par les actes arbitraires de vos Commissaires Couturier et Dentzel, dépouillés des droits que la souveraineté du peuple nous assure, nous avons encore eu la douleur de voir nos meilleurs citoyens, des hommes qui ont servi utilement la chose publique, chassés de leurs foyers; nous n'osions plus nous croire ni citoyens, ni libres; mais votre Décret du 17 mars, en déclarant la déportation de nos concitoyens nulle, nous a rendu l'espoir et le courage.

«Législateurs, il faut vous dévoiler la source de nos malheurs; ce sont des étrangers, venus au milieu de nous depuis 18 mois seulement, qui y ont introduit la discorde. Un journaliste insolent [3], connu par la témérité de ses calomnies, ci-devant stipendié des princes de l'Allemagne, est un des premiers auteurs de nos maux; un prêtre [4] venu de l'électorat de Cologne, à-peu-près à la même époque, est son digne associé; tels sont les hommes, qui, avec une poignée d'esprits turbulents et jaloux, jusqu'à présent inconnus à la révolution, ont usurpé l'honorable titre de patriotes; ce sont ces mêmes hommes, qui ont voulu ravir à Custine la confiance dont il est environné, et qui ont proposé des adresses pour faire replier son armée.

«Nous avons vu avec une profonde douleur vos Commissaires Couturier et Dentzel, s'environner de ce ramas d'agitateurs et écarter d'eux, tous ceux qui avaient des droits à la reconnaissance publique; que de maux ne nous ont-ils pas causés! Législateurs, la République est environnée d'ennemis; il faut les combattre, vaincre ou mourir, mais pour vaincre en hommes libres, il faut l'être, et nous osons dire, que nous ne le sommes pas, puisque nous sommes privés de tous nos droits.

---

[1] Philippe Liebich, pelletier, Jean Marchal, cordonnier, et Jean-Jacques Lauth, homme de loi.

[2] Le savant helléniste Jean Schweighæuser, Secrétaire du Comité central des douze Sections de la Commune de Strasbourg, avait rédigé ce discours.

3 J. Ch. Laveaux.

4 Schneider.

«On a suspendu plusieurs membres de notre Municipalité, on les a même déclarés inéligibles; nous ignorons quels sont leurs délits : depuis longtemps, avec nous tous, ils ont adhéré à tous vos Décrets, à tous ceux de l'Assemblée législative; mais par une perfidie qui peint nos misérables agitateurs, l'un d'eux s'est fait remettre trois cents livres pour apporter une adresse d'adhésion à la suspension du ci-devant roi, et cette adresse a été supprimée. Cependant ce prétexte a servi à leur suspension, et ils ont été remplacés, par qui? le Maire par un jeune homme de 24 ans [1]; les municipaux, contrairement au vœu de la loi, par des citoyens pris hors du Conseil de la Commune. La Municipalité de Strasbourg, l'Accusateur public, la majorité des Membres du Département, ne sont que du choix de vos Commissaires Couturier et Dentzel; et de toutes parts, vous le savez, Législateurs, des réclamations s'élèvent contre ces Députés. Les hommes intrus, qu'ils ont placés dans les Corps administratifs, insultant à une Commune de cinquante mille âmes, osent lâcher des adresses au nom du Département, pour faire rapporter votre Décret du 17 mars. Un Administrateur du Département [2], ose même quitter son poste, et se rendre ici l'organe des détracteurs de nos compatriotes déportés; nous ne doutons pas, Législateurs, que vous ne rappelliez cet Administrateur à ses devoirs. Nous, espérons en même temps, que pour rétablir le calme dans une Commune, dont tous les habitants se sacrifieraient pour l'exécution de vos Décrets, vous lui rendrez tous ses droits, et en annulant toutes les suspensions prononcées par les Commissaires Couturier et Dentzel; le Département du Bas-Rhin, et la Commune de Strasbourg, recouvreront la paix intérieure et l'énergie nécessaire à des hommes libres pour combattre. Il n'est pas un Strasbourgeois, qui ne soit prêt à faire un rempart de son corps, plutôt que de céder un pied du territoire de la République à nos ennemis, Germains, émigrés, rebelles; nous jurons de les exterminer tous, et de maintenir vos Décrets au péril de nos vies et de nos fortunes; tels sont les sentiments gravés dans les cœurs des Français de Strasbourg, que nous avons été chargés de vous exprimer en leur nom.

«Législateurs! l'intérêt de la République appelle votre attention sur ce ramas d'étrangers et de patriotes nouveaux qui veulent expulser de leurs foyers les meilleurs citoyens; nous croyons que c'est là un des plus imminents dangers qui menacent le vaisseau de l'État, car sans la fidélité

---

1 Monet.

2 Louis, membre du Directoire du Département du Bas-Rhin, Représentant du peuple à la Convention nationale.

du peuple de Strasbourg, les excès de ces hommes nouveaux auraient déjà causé une explosion funeste à la chose publique, dont votre sagesse et votre fermeté sauront nous préserver.

«Nous déposons sur l'autel de la Patrie la contribution patriotique de la Garde nationale de Strasbourg, pour la guerre maritime.»

La réintégration des Administrateurs suspendus fut arrêtée par la Convention nationale, mais elle l'annula le même jour, et ces deux Décrets contradictoires arrivèrent à Strasbourg par le même courrier.

---

27 AVRIL 1793.

Oh, chers citoyens, combien on abuse de votre confiance, par E. Schneider [1]. 5 p.

«Il est impossible,» dit Schneider, «que le peuple de Babel ait tenu aussi passionnément à son grand Bel que les Strasbourgeois tiennent à celui qui est parvenu à les éprendre.... Ce qu'étaient jadis certains hommes pour les Strasbourgeois, aujourd'hui l'est le Comité central des Sections, qu'ils regardent comme seul dépositaire de la sagesse épurée.»

C'est cette sortie de Schneider qui provoqua la dénonciation et l'arrêté du Comité de la 6me Section [2].

---

30 AVRIL 1793.

Des assignats et de la cherté des denrées, par E. Schneider [3]. 8 p.

L'auteur de cet article se plaint de la non-exécution de la loi du 27 mars 1793, relative à la défense de l'agiotage, qu'elle punit de 6 années de galères. Il dit que les marchands, les bouchers, les boulangers et les paysans vendent leurs marchandises au double du prix ou préfèrent de ne rien vendre. Le pain se vend à 6 sols la livre, autant que dans de bonnes années vaut la miche, la viande se vend à 10 sous la livre et toutes les autres denrées augmentent en proportion. Que doit-il en résulter? «Si cela dure encore quinze jours,» dit-il, «cela aura les suites les

---

1 *Argos*, t. II, p. 345.

2 Voir p. 66, sous le 4 juin 1793.

3 *Argos*, t. II, p. 353.

plus terribles. Nos ennemis prévoient bien qu'ils ne sauront nous vaincre par la force des armes, c'est pour cela qu'ils veulent nous anéantir par la misère et par la famine. Nous-mêmes nous devons mutuellement nous ruiner, et hélas! à qui la faute principale s'ils atteignent leur but infernal ?

«Sans vouloir disculper les marchands, les bouchers et les boulangers, je prétends que la faute principale est aux paysans, qui ont gagné le plus par la Révolution, et qui seuls en ont moissonné les fruits, tandis que les citadins ont presque tout perdu et ont fait les plus grands sacrifices pour la liberté. Et comment les paysans récompensent-ils nos travaux, nos luttes? En voulant nous faire mourir de faim. Ils se sont conjurés afin d'atténuer la bienfaisante loi qui défend l'agiotage ou, en d'autres termes, de fomenter la contre-révolution. CAR SANS LE CRÉDIT DES ASSIGNATS LA FRANCE EST PERDUE. Qu'y a-t-il à faire pour sauver la patrie ?»

Le seul moyen de remédier à ce mal est, d'après Schneider, de demander aux Législateurs de fixer le plus haut prix [1] pour toute la République, prix que nul n'oserait dépasser; de défendre, à l'exception des meuniers et des boulangers, tout commerce intermédiaire entre le planteur des grains et le consommateur, et de punir des peines les plus sévères tous ceux qui conservent leurs grains aux greniers ou qui les vendraient à des accapareurs *(Fruchtwucherer)*, ces fléaux de la société, au lieu d'approvisionner les marchés.

—

30 AVRIL 1793.

De la nécessité de l'institution d'un tribunal révolutionnaire à Strasbourg [2], par E. Schneider [3]. 4 p.

Après que Schneider eut fait adopter au club des Jacobins l'adresse du département de Paris à la Convention nationale, «parce qu'elle renferme,» disait-il, «les mesures les plus efficaces pour réprimer les forfaits des accapareurs de grains,» il demanda qu'on écrivît à la Convention nationale, pour demander qu'un tribunal révolutionnaire fût établi à Strasbourg. «Nous vivons,» dit-il, «dans un temps où il faut des hommes inébranlables et inexorables comme Brutus; il faut qu'ils soient les piliers

—

[1] Le maximum.
[2] Motion faite au club.
[3] *Argos,* t. II, p. 361.

de notre République, pour protéger l'édifice de la liberté ; il faut qu'ils soient comme des rochers auxquels éclatent les chars luxurieux des tyrans, afin que les audacieux soient précipités et soient déchirés par leurs propres coursiers.

«Strasbourg possède un tribunal criminel, mais les juges sont indulgents comme des pères faibles, tandis qu'ils devraient, sans être sanguinaires, être sévères comme la justice divine. Point de grâce ! elle est toujours du poison, justice ! elle seule est digne de véritables Républicains.

«Les départements du Rhin fourmillent d'ennemis de la République déterminés ou lâches ; quelques-uns cherchent à détruire le nouveau temple de la République avec des casse-murs, d'autres en sapent les fondements par un travail lent mais terrible. Que le glaive de la justice atteigne les uns et les autres.

«Ainsi, citoyens, qu'un tribunal inexorable mais sévère soit établi contre chaque ennemi de la République effronté ou lâche, que doivent juger des hommes fermes et justes comme la nature éternelle, sans crainte et sans faiblesse. Il faut qu'ils soient placés comme l'ange à l'entrée du nouveau paradis, pour abattre tout ce qui résiste à la loi.

«Je ne suis pas cruel, mais je crois de mon devoir de recommander des mesures sévères, vu que notre situation les rend nécessaires. Aussi longtemps que nous n'anéantissons pas avec courroux tout ce qui pourrait ébranler tôt ou tard notre liberté, nous ne travaillons pas dans le véritable esprit de la Révolution, nous ne faisons que masquer la maladie, mais nous ne la guérissons point.

«Mort aux traîtres et aux ennemis de la liberté. Protection et abri à ses défenseurs ! »

1ᵉʳ ET 2 MAI.

Motions faites à la séance du club des Jacobins par E. Schneider [1].

Sous le 1ᵉʳ mai l'auteur de ces motions demande « qu'on dresse *une liste de tous les gens suspects de la ville et du département*, pour la pouvoir présenter au Département et aux Représentants du peuple, afin que les plus dangereux de ces hommes pervers soient chassés au plus tôt possible».

En même temps il propose «de *prendre en ôtages les paysans les plus*

---

1 Livre bleu II, p. 296.

notés, les plus riches des villages, qui ont désobéi aux loix de la République ou qui ont manifesté hautement l'esprit funeste du fanatisme».

Le 2 mai Schneider demande de nouveau «que la liste des gens suspects, surtout des étrangers, soit dressée au plus tôt possible, afin de la pouvoir remettre au Département et aux Commissaires de la Convention nationale, pour qu'ils prennent des mesures propres à garantir la ville et les départements des frontières des manœuvres des gens dangereux à la République». Il propose la déportation et croit «qu'il est bien urgent, de prendre en ôtages un certain nombre des plus riches habitants de ces villages, qui se sont révoltés contre la loi, ou qui sont gangrénés de la fureur du fanatisme. Cette mesure doit être prise surtout contre ceux d'entre eux, qui sont convaincus d'avoir sollicité la sauve-garde du roi de Prusse. Des lettres d'invitation seront envoyées aux sociétés affiliées, pour qu'elles agissent de concert avec nous. Quant à la liste des gens suspects, il a paru convenable de suivre la mesure qui a été prise à Nancy»[1].

Schneider demande enfin «qu'une adresse soit faite à la Convention nationale, pour l'inviter à décréter, que des *tribunaux révolutionnaires* soient établis dans les départements des frontières, comme dans ceux qui sont agités par la guerre contre les brigands et les fanatiques. Ces tribunaux ne sauraient prononcer d'autres peines *que la déportation ou la mort»*.

——

4 MAI 1793.

Le couvent des grenouilles à Abdera, par E. Schneider[2]. 7 p.

Une diatribe contre l'ancien Collége protestant de St-Guillaume.

——

16 MAI 1793.

Les rats et le chat. Une ancienne fable qui se renouvelle à Strasbourg, par E. Schneider[3]. 4 p.

——————

[1] Voir la liste des gens suspects dressée par le Comité de surveillance des Jacobins. Livre bleu II, p. 238 et 275.

[2] *Argos*, t. II, p. 369.

[3] *Id.*, p. 409.

Après avoir raconté la fable, Schneider en tire la morale .

«Les séducteurs du peuple, revenus à Strasbourg par contrebande, abusent dans les Sections du caractère des Strasbourgeois pour les exciter contre un homme qui jusqu'à présent n'épouvantait que les vicieux, les agioteurs et les ennemis du peuple, les valets des rois, les prêtres et les fripons, mais qui jamais n'a fait de mal à un innocent, et qui n'a laissé jusqu'à présent aucun malheureux sans conseil et sans consolation. Les agitateurs qui veulent s'emparer des meilleures places et des plus lucratives, craignent cet homme, parce qu'il a toujours ses yeux fixés sur eux, absolument comme la souris craint le chat. Ils n'osent le tuer, quoiqu'à l'Hôtel-de-ville ils l'aient déjà menacé de le faire sauter par les fenêtres, qu'ils aient tenté de le faire assassiner dans la rue d'Or, et tout récemment de le faire pendre sur la Place d'Armes. Ils n'osent pas lui attacher le grelot en le traduisant devant les tribunaux, car ils ne peuvent lui prouver un crime quelconque; c'est par cette raison qu'ils ont eu recours à une pétition contre lui, adressée à la Convention nationale, dans laquelle ils le dépeignent sous les couleurs les plus vives, et en y amoncelant mensonges sur mensonges ils demandent son bannissement de la ville et même de la République [1]. Et cet homme, c'est moi, Euloge Schneider. Et c'est à mon tour que je vous dis, traîtres du peuple, que vous êtes des fripons et des calomniateurs aussi longtemps que vous ne me tradui-

---

[1] Il nous paraît nécessaire de publier l'arrêté suivant du 12 mai 1793, en vertu duquel l'adresse en question a été décidée :

Arrêté de la huitième Section de la Commune de Strasbourg,
relatif au bannissement d'Euloge Schneider.

«Après avoir appris les calomnies prononcées mardi passé par le prêtre allemand Schneider, contre le Comité central, composé des Commissaires des 12 Sections; après s'être convaincu que le dit prêtre ne cherche rien moins que de semer le désordre, la haine et la discorde entre les citoyens de cette Commune et les volontaires qui s'y trouvent; le Comité déclare unanimement que Schneider, en ce moment Accusateur public, n'a que superficiellement joui de la confiance de la 8me Section, dont il faisait partie. Qu'en considération qu'il est un Allemand de Cologne et qu'il ne demeure que depuis deux années en France, et aussi à cause du journal qu'il publie, la 8me Section pense qu'il paraît qu'il soit payé par les ennemis étrangers et intérieurs, ou qu'il ait un cœur rempli de poison et de fiel. En considération de quoi la Section déclare unanimement qu'il ne possède pas sa confiance, qu'elle demande aux Commissaires de la Convention nationale son bannissement hors les frontières de la République, afin de rétablir la tranquillité , qui n'a été troublée que trop longtemps rez pas en justice. A tout moment je suis prêt à rendre compte de ma vie privée et politique. Approchez-vous et prouvez-moi la moindre chose ! ou cachez-vous dans vos antres et ayez honte ! Mais en tout cas ne vous laissez plus tenter, car en vérité, je n'entends pas plaisanterie là-dessus. Aussi longtemps que je respirerai je resterai inflexible à la poursuite des ennemis du peuple, des agioteurs, des royalistes, des fanatiques et de tous les pharisiens. Fiez-vous y ! Le bon peuple ne sera plus longtemps trompé par vous. Il verra bientôt de ses propres yeux et saura distinguer ses véritables amis des fripons. »

---

18 MAI 1793.

Aux Sections de Strasbourg, par E. Schneider [1]. 3 p.

L'auteur fait un appel au patriotisme des citoyens composant les Sections, en leur disant :

« Citoyens ! Le moment est arrivé où vous pourrez montrer quel esprit vous anime. La France, dont nous sommes tous les enfants, est en flammes. Les prêtres, les nobles, les valets des rois, les agents de Pitt et les agioteurs y ont mis le feu. La Vendée a vu tomber de vos braves frères, un bataillon marseillais vient d'être massacré à six hommes près.

« C'est maintenant que vous devez faire preuve de votre patriotisme pour sauver la République une et indivisible. La voix de vos Administrateurs vous appelle à la victoire ! Volez au lieu du danger et dispersez les hordes de ces égorgeurs. Vengez le sang de vos frères assassinés. Que votre marche soit une croisade générale contre les rebelles et vous verrez votre armée se grossir à chaque pas ; car vos frères, enflammés par votre exemple, se joindront à vous et vous formerez une armée grande et invincible. Votre gloire retentira dans toute l'Europe et pendant de longs siècles encore. Volez donc au combat ! Partez pour l'extermination des rebelles ! Soyez Français ! Devenez les sauveurs de la République ! »

---

par de pareils perturbateurs. La Section a décidé que le présent arrêté sera communiqué aux autres Sections, afin qu'ils émettent également leurs vœux.

« Les membres du Comité permanent de la 8me Section,
« *Signés :* Wehrlen, Président ; Grün, Stromeyer, Mannberger, Gambs, Bär, Hofmann, Spielmann, Jacques Schatz, George-Henri Lang, Richard ; Jacques Göpp, Secrétaire.
« Conforme à l'original, Metz, Président du Comité central. »

[1] *Argos*, t. II, p. 417.

23 MAI 1793.

Le tribunal criminel, par E. Schneider [1]. 6 p.

Dans cet article Schneider se plaint du mauvais vouloir des juges, contraire à la loi du 9 avril dernier qui ordonne que tous ceux qui conspirent en faveur du rétablissement de la royauté seront regardés comme rebelles et que les juges auront à se rendre chaque fois dans le chef-lieu du district ou dans d'autres localités pour y juger les coupables sur l'accusation écrite ou verbale de deux témoins. Il cite deux cas, où, malgré le réquisitoire de l'Accusateur public qui demandait la peine de mort, les délinquants ne furent condamnés qu'à perdre leurs droits de citoyens français, à être attachés pendant deux heures à la guillotine et emprisonnés jusqu'à la paix.

«Cela prouve,» dit-il, «la grande nécessité de l'établissement d'un tribunal révolutionnaire dans notre département. Je le répète, nos tribunaux ordinaires ne valent rien pour de pareils procès. Je garantis que quinze jours après l'établissement d'un tribunal révolutionnaire les aristocrates seront convertis ou feront au moins semblant de l'être.»

4 JUIN 1793.

A mes concitoyens bien pensants de toutes les Sections, par E. Schneider [2]. 5 p.

Schneider fait précéder cet article d'une dénonciation et d'un arrêté rédigés par la 6me Section, conçus en ces termes :

Dénonciation.

«Les soussignés, membres de la 6me Section, attestent avoir entendu Schneider, ci-devant prêtre allemand, dire dans le club les paroles suivantes : Que le Comité central des douze Sections est une assemblée illégale ; que la majorité de ce Comité est composée d'aristocrates et de feuillants avérés ; que ce Comité tend, par ses principes, à corrompre l'esprit public ; que ce Comité s'oppose formellement aux pouvoirs constitués ; qu'il forme un État dans l'État ; qu'il est le centre de la contre-révolution dans le département ; qu'il agit de connivence avec les Prussiens et les Autrichiens ; qu'il est urgent de supprimer totalement ce Comité.

«J. F. Stuber, marchand de musique ; Ungerer, fils, boucher.»

1 *Argos,* t. II, p. 433.
2 *Id.,* p. 476.

Arrêté de la 6me Section.

«Ayant entendu les deux lettres de la 8me Section, au sujet du citoyen Schneider, Accusateur public ; de même que l'article qui se trouve en tête de la 52me feuille de l'*Argos* de 1793, t. II, la 6me Section arrête à l'unanimité qu'on solliciterait le Comité de la Convention nationale de faire déporter le susdit Schneider hors des frontières de la République comme agitateur du peuple.

«Mosseder, Président ; Bronner, Secrétaire-adjoint.»

«Voilà,» dit Schneider, «les actes dont la rédaction vous a enlevé, pendant plusieurs semaines, un temps précieux dans vos sections, et qui ont agité beaucoup de vos membres dans les brasseries et dans d'autres lieux publics. Apprenez maintenant ma justification et jugez!

«Je ne veux pas me plaindre de la méchanceté avec laquelle on affecte de me nommer un prêtre allemand, je suis, aussi bien que mes détracteurs, citoyen français, titre que j'ai acheté plus cher que vous, et pour le maintien duquel je suis prêt à verser ma dernière goutte de sang. Le destin m'a fait naître à Wipfeld, dans le duché de Franconie, le pays originaire des Francs. J'ai passé ma jeunesse au couvent. Avant même qu'on eût l'idée d'une Constitution française, me trouvant encore sous le froc, j'enseignais les principes de la liberté et de l'égalité. Je les prêchais à la cour du duc de Würtemberg qui ne témoignait point grand plaisir à les entendre. Mes sermons ont été publiés en 1790 et il est loisible à chacun de les lire. Comme professeur à l'Université de Bonn, qui est la plus éclairée de toute l'Allemagne catholique, je suis entré en liaison avec les Jacobins. Autant par mes enseignements que par mes publications j'ai gagné beaucoup de partisans aux Français.

«Dans une de mes poésies, que je fis imprimer sous les yeux de la cour, j'ai chanté la destruction de la Bastille.

«Grâce à mon attachement aux Français je fus plus d'une fois menacé de la prison. Je quittai un poste lucratif, vendis mon ménage, et quoique depuis trois ans je n'eusse plus pratiqué l'état ecclésiastique, je me suis décidé à me rendre en France, où les hommes capables d'enseigner la religion manquaient. Six des principaux professeurs de Bonn, de Trèves et de Mayence et beaucoup de mes meilleurs élèves, qui se trouvent parmi nous soit comme ecclésiastiques, soit comme militaires, suivirent mon exemple. Il s'en trouve au moins cinquante dans les deux départements du Rhin. Je fus élu avec une grande majorité de voix membre du Conseil municipal de Strasbourg et parmi tous mes collègues je me trouve le seul qui n'ait pas signé une seule des adresses infâmes de Dietrich. Je fus désigné électeur et pendant trois mois, dans les temps les plus périlleux, je remplissais les fonctions de Maire à Haguenau. J'obtins la pluralité des voix comme Accusateur public et les citoyens de tout le département et principalement les fonctionnaires publics vous diront comment j'ai rempli ce poste. Que ma tête tombe, si jamais on peut me prouver une action injuste ou une négligence coupable! Après tout ceci, peu m'importe si la 8me Section me nomme prêtre allemand ou citoyen français. »

Schneider, après cette introduction, examine les accusations des Sections et déclare qu'il traduira en justice les personnes signataires des accusations dirigées contre lui. Il dit en terminant son adresse : «Si je suis coupable, il faut que je meure comme un rebelle, comme un traître. Si je ne le suis pas, que mes calomniateurs soient forcés de me rendre mon honneur et d'avouer devant les Sections assemblées de m'avoir méchamment calomnié. Fiez-vous y. Suspendez encore, mes concitoyens, votre jugement sur moi jusqu'à cette époque. L'on croit peut-être me faire peur. Mais la peur est un sentiment qui m'est inconnu. Je resterai au milieu de vous, je veux mourir comme votre concitoyen. Il viendra un temps, j'en suis convaincu, où vos yeux seront désillés, où vous distinguerez vos véritables amis de vos séducteurs. Vous êtes un peuple bon et noble qui ne peut rester longtemps dans l'erreur. »

———

8 JUIN 1793.

Lettre adressée aux Présidents des 12 Sections de Strasbourg, par E. Schneider.

«Strasbourg, le 8 juin 1793, an II de la République une et indivisible.

«Citoyen Président de Section,

«On a attaqué mon honneur, j'ai cru devoir répondre à mes calomniateurs. Je vous préviens, citoyen, que j'ai déjà porté plainte contre les signataires d'un libelle diffamatoire qui vous a été communiqué sous le titre d'un Arrêté de la 8me Section. Vous voudrez bien donner lecture à vos concitoyens de l'imprimé ci-joint, ainsi que de ma présente lettre. Votre concitoyen,

«L'Accusateur public du Bas-Rhin, Euloge Schneider. »

Le 20 juin comparurent devant le juge de paix Schœll; les signataires de l'arrêté de la 8me Section; ils furent obligés de se rétracter et de déclarer qu'ils regardaient Schneider comme un bon citoyen et un fonctionnaire probe.

Déjà sous le 4 juin nous trouvons dans le registre des procès-verbaux de la 6ᵐᵉ Section le passage suivant :

« Un membre propose de rapporter l'arrêté pris par la Section de demander la déportation de l'Accusateur public Schneider. Cette proposition est arrêtée. »

———

8 JUIN 1793.

Qu'ont fait les Parisiens ? Que devons-nous faire ? par E. Schneider [1]. 8 p.

« Ces deux questions, » dit Schneider, « sont à l'ordre du jour actuellement et je me hâte de les résoudre pour mes concitoyens. Paris a sauvé la République, Paris la sauvera. Longtemps des Représentants perfides se jouèrent du peuple qui avait mis son sort dans leurs mains, et longtemps le peuple fut indulgent. La majorité de l'Assemblée nationale ne pouvait et ne voulait pas agir ; il fût donc nécessaire que Paris se levât. Le 14 juillet 1789 la Bastille tomba et avec elle le pouvoir de la noblesse et du clergé ; le 10 août 1792 le colosse de la royauté fut terrassé ; le 2 juin 1793 le règne du feuillantisme, du modératisme, de la haute bourgeoisie atteignit sa fin. Voilà ce que Paris a fait....

« Mais, mes concitoyens, il ne suffit pas de ce qui s'est fait à Paris, il faut aussi que ce grand coup retentisse dans toutes les parties de la République. N'avons-nous pas à Strasbourg aussi des feuillants, des modérés et des traîtres ? il faut que nous imitions l'exemple des nobles Parisiens, que nous livrions, avec tous les égards pour la propriété, les séducteurs, les mutins, les conjurés de Péthion et consorts au glaive de la justice. Déjà les Commissaires de la Convention nationale sont invités à prendre cette mesure ; ils rempliront les vœux des véritables patriotes et l'empire du feuillantisme tombera à Strasbourg comme il vient de tomber à Paris. »

———

11 JUIN 1793.

Arrestation de quelques personnes suspectes à Strasbourg, par E. Schneider [2]. 10 p.

Schneider rend compte de la séance à huis-clos du Conseil municipal

---

1 *Argos*, t. II, p. 489.

2 *Id.*, p. 497 et 521.

de Strasbourg, dans laquelle on s'était occupé de l'exécution du Décret qui ordonnait l'arrestation de tous les administrateurs connus par leur incivisme. Bien que sur la liste des arrestations dix personnes fussent désignées, Schneider déclare que ce nombre ne lui paraissait point encore suffisant « pour finir, » dit-il, « avec l'empire de ce feuillantisme infernal. Il se trouve parmi les personnes arrêtées des gens connus par leur aristocratie enragée, mais qui dans les temps actuels sont bien moins nuisibles que les faux patriotes, les feuillants, qui dirigent les Sections. Aussi longtemps que le Comité central du Miroir existera, aussi longtemps surtout que de dangereux Présidents, comme par exemple un Wehrlen, un Edel, un Mosseder, ne seront pas incarcérés, la tranquillité ne pourra être rétablie. Avant tous mérite d'être cité le Président de la 4me Section, Beckert.... »

Schneider termine son article en disant : « Aussi longtemps qu'à Strasbourg tout esprit de tribu, tout esprit des Treize [1] et tout esprit clérical, ne sera point anéanti, l'atmosphère de cette ville ne saura être regardée comme purifiée. »

---

13 JUIN 1793.

Les cris au désert, par E. Schneider [2]. 6 p.

Dans la 5me Section il avait été arrêté que chaque citoyen ferait connaître par écrit tout ce qu'il savait contre les administrateurs déportés de cette Section. Schneider rédigea un rapport contre Thomassin, Frédéric Schœll et Ulrich, dans lequel il dit en terminant : « Si ces trois conseillers du département eussent été à Paris et se fussent opposés à la déposition de ce fourbe insigne, comme ils l'ont fait à Strasbourg, on ne les aurait ni déportés, ni incarcérés, mais on les aurait, sans aucun doute, guillotinés. »

---

2 JUILLET 1793.

Euloge Schneider, Accusateur public du Bas-Rhin, à tous les juges de paix et officiers de police du département, salut et fraternité. (*Affiche française et allemande.*)

---

1 Le Collége des XIII fut le premier Collége de l'ancienne administration municipale de l'ancienne République de Strasbourg.

2 *Argos*, t. II, p. 505.

Schneider annonce l'arrestation opérée par les Représentants Couturier et Dentzel, de Schœll, juge de paix du 3ᵐᵉ arrondissement de la Commune de Strasbourg, pour être conduit à Paris et traduit devant le tribunal révolutionnaire, comme prévenu d'avoir, constamment et à dessein, éludé la loi qui défend les doubles prix.

—

7 JUILLET 1793.

Lettre adressée au citoyen Rumpler, ecclésiastique, enfermé au Séminaire, par E. Schneider.

Pour l'intelligence de cette lettre nous la faisons précéder des pièces suivantes :

Dénonciation adressée à l'Accusateur public près le tribunal de Strasbourg.

«Citoyen !

«Que le Maire-provisoire Monet ne croie pas en Dieu, ce sont ses affaires ; il a ses raisons pour cela : qu'*enfermé au Séminaire* je sois en butte au *mépris* de cet ESPRIT-FORT, ce sont les miennes : je me fais gloire de son MÉPRIS PUBLIC : mais qu'un athée savoyard ait osé, au nom des Français, exécrer dans sa rage les ministres de tous les cultes, ce sont là les vôtres, citoyen ! C'est à vous qu'il appartient, par droit de charge, de provoquer la punition du téméraire exécrateur.

«Je vous dénonce son blasphème, avec d'autant plus de confiance dans votre zèle, que déjà le Département qui, d'après la loi, devait être consulté en pareil cas, vient de déclarer, par son arrêté ci-joint, qu'un délit de cette nature, et de cette gravité sans doute, *n'était point de la compétence d'un corps administratif... Il n'y avait* en effet plus *lieu à délibérer,* de sa part, dès qu'il s'agissait d'appliquer quelque peine infamante....

«Si la loi donne à l'agent municipal inspection et police d'une *maison commune* qu'il a convertie en cachot, la loi vous donne, à vous, surveillance et autorité, pour faire punir les crimes et les scandales partout où ils se commettent.

«En tout cas, citoyen, j'espère qu'à votre refus d'agir dans cette affaire, vous voudrez du moins la faire passer, sans délai, à la police correctionnelle pour qu'il y soit donné suite.

«Strasbourg, ce 30 juin 1793, an 2 de la République.   Rumpler. »

Délibération du Directoire du Département du Bas-Rhin, du 22 juin 1793, l'an 2 de la République française.

«Vu la pétition présentée par le citoyen Rumpler, prêtre au Séminaire, portant plainte contre le citoyen Monet, Maire de la ville de Strasbourg, de ce qu'il s'est avisé d'écrire aux douze Sections de la ville, que les Républicains français avaient juré une haine éternelle à tous les prêtres quelconques, dont la race entière est une race exécrable; le soit communiqué au dit citoyen Monet du 1er juin courant, sa réponse du 3, portant que la diatribe sacerdotale de l'insermenté Rumpler ne l'étonne point; que le temps est trop précieux pour qu'on s'occupe davantage d'un prêtre enfermé au Séminaire et méprisé par le public; ouï le procureur-général-syndic substitut;

«Les Administrateurs du Directoire du département du Bas-Rhin, considérant que la demande n'est point de la compétence du corps adminitratif, arrètent, en séance publique, qu'il n'y a pas lieu à délibérer.

«L. Wangen, Vice-président, et Barbier, Secrétaire-général.»

Extrait de la lettre du Maire Monet, aux Sections [1].

«Je ne vous dissimulerai même pas, citoyens, que j'ai de la peine à croire que tous ceux, qui ont signé la lettre que je viens de recevoir, soient membres des Comités des Sections; car j'y remarque des hommes de l'exécrable race des prêtres *(deux ministres sermentés)* à qui les Français ont juré une haine éternelle. Le Maire de Strasbourg, Monet.»

---

[1] Cette lettre se trouve p. 488 du livre : Actes d'un bon apôtre méchamment calomnié, qui, après avoir *prêché* en vain *dans les rues, dans les maisons et sur les toits,* pour rappeler ses concitoyens à l'ordre, à la décence, à la paix, s'est vu finalement forcé de prêcher même dans les tribunaux pour ramener *définitivement* ses chers *com*patriotes aux principes de la saine équité. Strasbourg, s. a. 504 p. in-8º.

Le chanoine Rumpler a fait paraître, outre une cinquantaine de brochures, les ouvrages suivants :

Histoire véritable de la vie errante et de la mort subite d'un chanoine qui vit encore. Écrite à Paris par le défunt lui-même. S. l. 1784. 368 p. in-8º.

Dossier des pièces pour un chanoine ressuscité à demi, contre les auteurs de sa mort et leurs complices etc. S. l. 1784. 300 p. in-8º.

Tonnéide ou Tonniade. La Dolimachie ou la guerre des tonneaux; poëme héroï-comique, dédié à un couple de génies. A Argentcourt, l'an septième de la métamorphose des Francs. S. l. 94 p. in-8º.

Escroquerie administrative du Mairillon provisoire Monet, mineur du Mont-blanc. S. l. ni a. 16 p. in-8º.

Au citoyen Rumpler, ecclésiastique au Séminaire.

«Strasbourg, 7 juillet 1793, an 2 de la République une et indivisible.

«Sans doute, citoyen, je dois, au poste que j'occupe, recueillir les plaintes et dénonciations de tous les individus, qui réclament la justice et l'exécution des lois. Mais la dénonciation, que vous avez bien voulu m'adresser, n'est pas de nature à y donner suite. De quoi s'agit-il? D'une expression véhémente, dont le citoyen Maire de Strasbourg s'est servi contre la race des prêtres, à laquelle, selon lui, tous les Français ont juré une haine éternelle. C'est une assertion, citoyen, qui peut être outrée, mais qui ne fonde jamais une plainte en justice. Vous avez l'air de la regarder comme un blasphème; vous ne savez donc pas, qu'il y a une distance infinie entre Dieu et les hommes qui *se disent* ses délégués et les médiateurs entre lui et le peuple? Vous ne savez donc pas, que ce serait injurier la Divinité, que de lui supposer une prédilection pour les prêtres? Vous ne savez donc pas que les lois humaines se bornent essentiellement à faire le bonheur temporel de la famille sociale, et qu'elles laissent à la Divinité le soin de punir ceux par lesquels elle peut avoir été offensée?

«Au reste, je suis persuadé que le citoyen Maire *n'a point cru* envelopper dans l'exécration générale les bons citoyens, qui, en prêchant l'obéissance à la loi, en répandant la vraie morale de l'évangile, en combattant le fanatisme, et l'oppression hiérarchique, ont rendu des services importants à la patrie.

«Je vous renvoie donc, citoyen, vos pièces, avec invitation, d'être dorénavant plus *modéré* et plus *circonspect* dans la manière d'énoncer vos opinions sur les autorités constituées de notre département.

«L'Accusateur public du Bas-Rhin, Euloge Schneider.»

————

9 JUILLET 1793.

Avertissement aux bons citoyens, par E. Schneider [1]. 5 p.

Après que Schneider eut fait connaître qu'il existe un parti révolutionnaire contre la nouvelle Constitution du 26 juin 1793, il exhorte ses concitoyens à se hâter de l'accepter, «car,» dit-il, «elle est notre point de ralliement, elle est la pierre de touche du véritable Républicain!»

————

1 *Argos*, t. III, p. 25.

11 JUILLET 1793.

L'arrivée de la nouvelle Constitution à Strasbourg, par E. Schneider [1]. 5 p.

Cet article, après avoir raconté que le Représentant Dentzel a apporté la nouvelle Constitution à Strasbourg, donne la description de la fête en l'honneur de cette Constitution. «Lundi à 4 heures du soir,» dit-il, «le son de toutes les cloches et le tonnerre des canons annoncèrent le commencement de cette belle fête. Le Conseil municipal alla quérir, à la Maison rouge, le Représentant qui nous apportait le livre de la vie. Une innombrable masse de peuple accompagna la voiture dans laquelle le Représentant fut conduit à l'Hôtel-de-ville. L'air retentit des cris de joie : Vive la République une et indivisible! Vive la Constitution! Vive la montagne de la Convention! Arrivé à l'Hôtel-de-ville, Dentzel prononça un discours composé sans art, mais touchant et faisant impression ; il y dépeint avec des couleurs vives les avantages de la nouvelle Constitution qui offre le point de ralliement commun à tous les Français. Le Secrétaire de la Commune donna ensuite lecture de la Constitution qui fut souvent interrompue par des applaudissements. Le citoyen Maire prononça aussi un discours, qui respirait le patriotisme le plus pur, l'esprit de la fraternité, l'enthousiasme le plus ardent pour la liberté et le bien de l'humanité. Un adolescent plein d'espérance (hoffnungsvoll), le fils du notaire public Stœber, exprima dans un discours allemand les sentiments de ses condisciples et de ses jeunes concitoyens [2].

«Le Représentant lui répondit en ces termes : «Brillante jeunesse! combien vous donnez d'espérance à la patrie! vos pères combattent pour la liberté, vos vertus l'assureront un jour; vous la posséderez sans alarmes et la rendrez chère par un caractère humain et généreux; croissez pour la République, vous êtes appelés à l'embellir et à préparer les peuples à la jouissance de ces doux bienfaits.»

«....De l'Hôtel-de-ville le cortège se rendit au Département; dans toutes les rues retentissaient les cris : Vive la République, vive la Constitution. Dentzel prononça dans le Département un discours [3] par lequel

---

1 *Argos*, t. III, p. 33.

2 Voir le discours du Maire Monet et celui du jeune Stœber, dans le Procès-verbal de la séance publique du Conseil général de la Commune de Strasbourg, le lundi 8 juillet 1793, an II, p. 4 et 11.

3 Voir Séances des Conseils généraux du département du Bas-Rhin et du district de Strasbourg, réuni le 8 juillet 1793, an II, p. 3.

il chercha à répandre la semence de l'union dans tous les cœurs, le Président du Département (Braun) lui répondit avec dignité et entièrement dans le sens de la montagne. La séance fut levée et Dentzel donna le baiser fraternel à toutes les autorités présentes à la séance. Le cortège, musique en tête, se rendit ensuite à la Société des amis de la liberté et de l'égalité, présidée par le citoyen Edelmann. Sur un signe de Monet, les citoyennes placées sur les tribunes entonnèrent le chant de guerre des Français [1]. La musique ainsi que toute l'assemblée les accompagnaient. Alors tous les cœurs s'ouvrirent et on vit couler des larmes de joie sur toutes les joues. Schneider, entraîné par des sentiments analogues, s'élança à la tribune et prononça des paroles chaleureuses. Il se réjouissait «du jour où nous venons d'obtenir une Constitution qui accomplit enfin les vœux de tous les honnêtes Français; Constitution tout aussi simple que sublime; Constitution qui d'un seul coup met un terme à toutes nos dissensions; Constitution qui, à l'instar de la loi divine, est descendue de la montagne sous les coups de la foudre et du tonnerre; Constitution qui, en nous garantissant nos libertés, nous rend hommes sages et bons». Schneider fit la proposition «que la Constitution serait de suite acceptée par les Jacobins et que la Société, au lieu de se nommer amis de la liberté et de l'égalité, se nommerait amis de la Constitution. C'est ainsi,» ajouta-t-il, «que se termina cette belle journée qui restera toujours mémorable dans les annales de la France.»

———

13 JUILLET 1793.

L'œuvre des ténèbres en plein jour à Strasbourg, par E. Schneider [2]. 15 p.

Dans cet article qui commence par le proverbe : *Nichts ist so fein gesponnen, es kömmt endlich an die Sonne,* Schneider dévoile de nouveau les perfides menées des Comités des Sections de Strasbourg et communique une lettre datée de Paris, le 27 mai 1793, à eux adressée par le Représentant Rühl et relative à leur lettre aux Jacobins de Paris, par laquelle ils demandaient le bannissement de l'Accusateur public Schneider.

———

---

1 La Marseillaise.
2 *Argos,* t. III, p. 41, 48 et 57.

16 JUILLET 1793.

Des juifs, par E. Schneider. (Sans lieu d'impression).
8 p. in-8°.

Après avoir dépeint la triste situation des juifs en Alsace, situation dont la Révolution les a tirés, Schneider dénonce le fait suivant :

«Le Maire de la ville de Strasbourg ordonna de dissoudre les groupes de juifs qui d'ordinaire se trouvaient rassemblés sur la Place d'armes, et de les conduire en cas de récidive à l'Hôtel-de-ville. Au lieu de les conduire, suivant l'ordre du Maire, les agents de police les chassèrent comme on chasse un troupeau de bestiaux et se permirent même de les frapper à coups de canne, et ces procédés furent applaudis par les nombreux ennemis des juifs; mais l'ami de l'humanité, qui respecte les principes, qui ne connaît que la raison et la justice, ne pouvait que gémir à l'aspect de cette scène.

«Nous avons tous juré,» dit Schneider, «de maintenir la liberté et l'égalité. Il n'y a aux yeux de la Société ni juifs ni chrétiens. Devant la loi il n'y a que de bons et de mauvais citoyens. Nous honorons les premiers et les autres doivent être châtiés.

«Dans une Constitution libérale il faut qu'il soit permis à chacun d'adorer Dieu à sa manière. Ceci est une vérité sainte et que personne ne saura nier.»

Après avoir constaté les progrès rapides que les juifs avaient faits depuis la Révolution, Schneider continue en disant :

«Il est donc prouvé que l'on peut être juif et en même temps bon citoyen. Il est prouvé aussi que la religion juive en elle-même ne rend l'homme ni fainéant, ni trompeur. Si une partie des juifs ont vécu dans la fainéantise ou s'ils ont été trompeurs, quelle en fut la cause? Était-il donc possible à une nation, condamnée pendant des siècles au néant politique et à l'esclavage, de ne pas dégénérer et de ne pas perdre sa moralité? Avant la Révolution il était défendu aux juifs d'apprendre un métier ou de s'adonner à l'agriculture. S'ils ne voulaient pas mourir de faim il fallait trafiquer. La Révolution venue, il leur fut accordé les mêmes libertés qu'à tous les autres citoyens. Pourquoi ne se sont-ils pas pressés de devenir artisans ou laboureurs? La réponse est bien simple. Les adultes n'avaient rien appris et leurs enfants ne furent pas reçus en apprentissage par les chrétiens. Le fanatisme sépare encore les deux partis. Ayons grand soin que le fanatisme et sa fille l'intolérance soient à jamais bannis, et toutes les choses changeront de face.... Devant la loi comme devant la raison l'on ne connaît que l'homme, le citoyen, l'on ne reconnaît ni baptême, ni circoncision. Nous sommes des croyants dans nos temples, mais sur le marché et dans nos assemblées populaires nous sommes citoyens. »

———

23 JUILLET 1793.

Nouvelles, par E. Schneider [1]. 2 p.

Schneider raconte que le dimanche, 21 juillet, les employés du Département célébrèrent une grande fête, qui, dit-il en s'en moquant, restera gravée dans les annales de la liberté et de l'égalité. Il réclame surtout contre le prix d'entrée de 20 sols pour les spectateurs et se plaint de ce que cette fête se soit donnée dans les salles du Département.

Cet article ironique donna lieu à un très-méchant libelle, publié sous le titre suivant :

« Les écrivains, employés et garçons de bureau du Département du Bas-Rhin et du District de Strasbourg, à Euloge Schneider, prêtre, puis Accusateur public provisoire, et bientôt.... rien, car

« Les prêtres ne sont pas ce qu'un vain peuple pense,
« Notre crédulité fait toute leur science. »

ou

« J'appelle un chat un chat et Schneider un fripon. »

Le même libelle parut aussi en allemand portant la devise suivante :

« Denn die Pfaffenschaft ist nicht was gute Leute meinen,
« Der Welt Leichtgläubigkeit macht sie was Grosses scheinen. »

ou

« Soll ich jedes Ding bei seinem Namen nennen,
« So nenn' ich Schneider einen grossen Schelm. »

———

27 JUILLET 1793.

Avis au public, par E. Schneider [2]. 4 p.

Schneider annonce qu'il met à la disposition des personnes qui voudraient posséder le libelle mentionné ci-dessus, les exemplaires qui lui en restent. Il dit « que la meilleure preuve que ce pamphlet est fait par un aristocrate et non par les commis du Département, c'est que son auteur le menace d'une bonne portion de coups de canne, dans le cas où l'*Argos*

———

1 *Argos*, t. III, p. 79.
2 *Id.*, p. 93.

se permettrait encore une fois une pareille sortie d'un patriotisme enragé. Une seconde preuve que c'est un aristocrate, c'est qu'il s'évertue si véhément contre l'*Argos*, qui n'a fait que défendre la liberté et l'égalité. »

30 JUILLET 1793.

La reddition de Mayence, par E. Schneider [1]. 5 p.

L'auteur de cet article exprime sa grande surprise et sa profonde douleur de ce contre-temps inattendu et insiste sur la punition du général Custine qui a mérité la peine de mort.

8 AOUT 1793.

Mesures importantes pour sauver la patrie, par E. Schneider [2]. 9 p.

« Nous avons essuyé de grands revers, » s'écrie Schneider ; « Condé a capitulé, Mayence et Valenciennes se trouvent dans les mains des ennemis de la République, Bellegarde a reçu la garnison des esclaves du tyran de l'Espagne ; les brigands de la Vendée viennent d'égorger vos frères. Le vice et le crime de lèse-majesté triomphent partout ; l'esprit public s'affaisse ; l'argent de la nation est méprisé ; la joie brille sur les visages des traîtres ; leurs espérances haussent au dernier degré. — Mais qu'ils tremblent, les despotes et leurs supports ! Les Français ne se trouvent point encore subjugués : Condé, Mayence, Valenciennes, Bellegarde, ne composent pas toute la France, ce ne sont que des tas de pierre et de bois, qu'il nous sera facile de reprendre ! Le peuple existe encore, ce peuple qui a juré d'être libre et il le sera !.... »

L'auteur s'étend sur le besoin que l'armée soit pourvue de bons généraux auxquels le pays peut se fier. Il discute longuement les qualités du général Beauharnais. « Oserai-je bien dire franchement mon opinion sur lui ? » dit-il. « Sur lui dont la louange a retenti si souvent dans les assemblées de nos patriotes ? Sur lui, qui doit en plus grande partie son avancement aux efforts de la Société des Jacobins de Strasbourg ? — Pourquoi non ? Le temps est arrivé où il faut tout dire : la publicité est la déesse tutélaire de la liberté ; que mes concitoyens apprennent donc les renseignements que j'ai recueillis sur la conduite de Beauharnais. — Marat !

[1] *Argos*, t. III, p. 97.
[2] *Id.*, p. 129 et 138.

que ton ombre se place devant mes yeux . tu mourus pour avoir démasqué tous les traîtres. Bien! je suivrai ton exemple, je dirai tout, et quand même une seconde Corday dirigerait son poignard contre moi.

«Je ne parlerai plus de ce qui est connu; je ne répéterai pas que Beauharnais est un noble et qu'il fut le premier danseur de la Messaline autrichienne. Je ne citerai ici que des faits moins connus qui me sont parvenus authentiquement. En vain nos frères de Mayence tendirent leurs mains vers nous et pendant longtemps notre armée demandait-elle avec impétuosité à venir en aide à Mayence. Beauharnais n'en fit rien, il resta dans une inactivité surprenante. Et pourquoi? Serait-ce parce que nos forces furent inférieures à celles de l'ennemi se trouvant devant les lignes? Non certes, car Beauharnais savait que l'ennemi devant Landau et devant la ligne ne dépassait pas 27,000 hommes. Il resta pendant trois semaines entières sans bouger et Mayence tomba entre les mains de l'ennemi. Ce n'est pas tout. Lorsque la nouvelle de la reddition de Mayence parvint à Landau, Beauharnais n'en fut pas ému le moins du monde. Lorsque les Représentants Dentzel et Ruamps le sommèrent de se maintenir sur les lignes de la Queich, il leur répondit en riant que cela serait une folie, et c'est même de cette expression qu'il s'est servi dans un rapport à la Convention. J'admets que les Représentants ne soient pas toujours des hommes qui aient le talent de concevoir le plan d'une opération militaire ou de l'exécuter; mais je prétends en même temps qu'un général ne doit jamais manquer de respect aux Représentants de la Nation. Souvenez-vous que Custine et Dumouriez ont commencé leur trahison en traitant dédaigneusement les Représentants du peuple.

«La retraite de Beauharnais de Landau à Wissembourg ressemble à celle de Custine de Mayence. L'ennemi, voyant qu'il se retirait furtivement, le poursuivit. Quoique supérieur en nombre, il n'osa pas se mesurer avec lui entre Landau et Wissembourg. La moindre résistance eût pu sauver les magasins qui s'y trouvaient, mais il préféra de les faire saccager et de se replanter là où il s'était trouvé quelques mois auparavant. Ce sont des faits authentiques dont je me fais fort de soumettre les preuves au Comité du salut public.

«Donnez-nous des Sans-culottes! de véritables Sans-culottes. Il n'y a qu'eux qui puissent faire vaincre nos armées. Guillaume Tell ne fut ni noble, ni courtisan; ce fut un simple montagnard, et ce fut lui qui délivra sa patrie du joug autrichien.

«Une seconde mesure, non moins nécessaire, serait une loi qui défendît à tout soldat français de se rendre comme prisonnier de guerre. En effet une pareille loi ferait le désespoir des tyrans. Serait-elle trop cruelle?

— Qu'est-ce donc que la vie d'un prisonnier? La mort pour la patrie n'est-elle pas mille fois plus douce que la vie dans l'esclavage? Mourons, mais mettons un grand prix à notre vie! Entraînons dans notre fosse tout ennemi que nous pouvons atteindre. Nouveaux Samsons, ensevelissons-les avec nous sous les ruines. La guerre que nous faisons aux tyrans ne doit pas être une guerre conduite d'après des règles stratégiques; il faut qu'elle soit semblable aux volcans dont les éruptions ne peuvent être calculées, mais qui détruisent tout à l'entour.

«La troisième mesure que je propose est de faire une loi qui condamnerait à la déportation à la Guyanne et à la confiscation de ses biens chacun qui refuserait de voler vers l'ennemi.»

10 AOUT 1793.

Annonce faite par E. Schneider [1]. 1 p.

«Tant ici qu'à la campagne on fait encore deux prix différents. La France est perdue si cela continue. Le tribunal criminel vient de décider à cet effet de traiter comme ennemis de la patrie tous ceux qui font deux prix ou qui ne veulent vendre que contre du numéraire. On leur fera le procès sans jury, sur le dire de deux témoins; ils seront condamnés à six années de galères et à l'exposition sur le marché public. En ma qualité d'Accusateur public j'invite donc tous les bons citoyens à me dénoncer par écrit celui qui enfreindrait la loi, et qui n'accepterait pas les assignats ou qui ne les accepterait qu'avec perte, et j'avertis d'avance que je ne ménagerai aucun crime.   Euloge Schneider.»

12 AOUT 1793.

Sur la campagne actuelle, par E. Schneider [1]. 5 p.

L'auteur compare la dernière campagne à la campagne actuelle. «Il n'est pas vrai, ainsi que les Alliés veulent nous le faire accroire,» dit Schneider, «qu'ils sont seulement intentionnés de prendre Landau et de se remettre en possession de l'Alsace. C'est sur Paris qu'ils portent leurs vues, c'est à Paris qu'ils veulent faire la contrerévolution.» Il propose les moyens d'empêcher l'exécution de leurs plans et espère, s'ils sont adoptés, qu'une seule victoire complète procurera la paix à la France.

---

1 *Argos*, t. III, p. 143.

1 *Argos*, t. III, p. 145.

17 AOUT 1793.

La communion politique des sans-culottes, par E. Schneider [1]. 4 p.

Après avoir fait la description de la fête de la nouvelle Constitution républicaine du 10 août à Paris, Schneider fait celle de la célébration de la même fête à Strasbourg.

«A Strasbourg aussi,» dit-il, «la fête de la République une et indivisible a été célébrée. La garnison et la garde nationale se trouvaient sous les armes. La statue de la liberté, montée sur un char sur lequel étaient placées six Grâces, ouvrit le cortége qui se rendit à la Finckmatt, où du haut d'une estrade la Constitution fut lue et le serment fut prêté. Quoique la célébration de cette fête n'ait pas été troublée, cependant il y manquait cette allégresse, cette fraternité et cette jovialité, qui doivent animer les citoyens en un pareil jour. Nos belles avaient sans doute peur des coups de soleil et préféraient voir passer le cortége de leurs fenêtres. Il n'y avait que les sans-culottes qui se soient réjouis de bon cœur. Le soir, la Société des amis de la Constitution s'assemblait au club et décidait de remettre la célébration de la communion des sans-culottes au jeudi prochain.

«Le 15 août, à 5 heures du soir, les amis de la Constitution partirent en cortége du club. Le buste de Marat et le bonnet phrygien furent portés en tête. Des chansons patriotiques et une musique joyeuse retentirent dans les airs. Dans ce cortége l'on n'apercevait point de dames ni de messieurs de la haute volée. L'air n'a pas dû être empesté. Arrivé à la Finckmatt on dansa la Carmagnole en grands ronds, on campa sur la terre du bon Dieu, chacun mangea ce qu'il avait apporté, et vers les huit heures la danse et les jubilations recommencèrent. Alors on se retira joyeusement dans le club où on prêta le serment solennel : «De tuer comme des traîtres tous ceux qui parleraient d'une reddition illégale de la ville dans le cas qu'elle fût assiégée.»

—

20 AOUT 1793.

La guillotine, une pierre d'achoppement pour les habitants du Marais [2] et pour les Feuillants, par E. Schneider [3]. 11 p.

---

1 *Argos*, t. III, p. 161.

2 *Sümpflern.*

3 *Argos*, t. III, p. 177 et 185.

«Dans la nuit du 19 au 20 août,» dit Schneider, «la guillotine qui se trouvait placée depuis dimanche dernier sur la Place d'Armes, fut enlevée, je ne sais par quel ordre; elle fut chargée sur une voiture et conduite devant la maison de l'Accusateur public [1]. Une multitude de canaille qui s'était rassemblée suivait le convoi et força le voiturier, qui aurait dû passer près du café du paysan bleu [2], de se diriger vers ma maison. Ce fut à 11 heures du soir. Des cris épouvantables et des vociférations terribles effrayèrent les citoyens dans leurs lits. Le poste de la Place d'Armes et celui placé à côté de l'église de St-Pierre-le-jeune ne bougeaient pas et les patrouilles à pied et à cheval ne se montraient point. La voiture étant arrivée devant ma maison, en face du corps de garde et du tribunal, elle s'arrêta; une roue de la voiture fut ôtée pour qu'elle versât. Ce fut alors qu'on se rua sur l'instrument de la loi; la machine de la justice vengeresse fut mise en pièces. Les traits des chevaux furent coupés et le voiturier, domestique du citoyen Würtz, partit en triomphe avec ses chevaux, en m'injuriant. Ma sœur ainsi que ma cuisinière regardaient par les fenêtres et entendirent frapper à la porte et demander ma tête avec mille et mille jurons. Des hommes, des femmes et des enfants accoururent des rues avoisinantes. L'on crut déjà me voir sous la guillotine et beaucoup s'en réjouirent de bon cœur. Mais on se réjouissait en vain.

«L'Accusateur avait déjà su la veille au soir ce qui devait arriver; il en avait averti les deux Généraux Sparre et Martigny, et était allé coucher dans la maison d'un de ses amis de la lignée des sans-culottes.

«Après que la foule se fût dispersée, la voiture et la guillotine mise en pièces restaient devant la maison. Le matin à 5 heures le rassemblement se forma de nouveau. Des jeunes gens, armés de bâtons, frappant contre ma porte, menaçaient de m'assassiner. Des gens de bonne tenue se réjouissaient de ce spectacle. Après 7 heures seulement survint le Maire, à cheval, à 9 heures arrivèrent quelques soldats, et ce ne fut qu'après 10 heures que les débris de la guillotine et de la voiture furent enlevés, grâce à l'honnête citoyen Jung, car sans lui la guillotine se trouverait encore devant ma maison. Pourquoi? Parce que ni le Maire, ni le Commandant militaire n'ont avisé aux moyens de la faire enlever. Voilà l'histoire véridique de cet incident, unique dans son genre.

«Qu'il me soit permis maintenant de faire quelques réflexions. Pourquoi la guillotine fut-elle démontée dans la nuit du 19 au 20 et conduite

---

[1] Alors la maison Lotzbeck, en ce moment maison Kastner, rue de la Nuée bleue n° 2.

[2] A gauche au coin sud-ouest de la Place Kléber n° 5.

justement devant la maison de l'Accusateur public? Le 14 de ce mois,
le Département prit un arrêté, en vertu duquel tous ceux qui seraient
convaincus d'agiotage avec les assignats, seraient jugés révolutionnairement sans les jurés. Cet arrêté fut approuvé par les Représentants du
peuple; il fut décidé qu'il serait publié avec solennité dans toute la ville
et qu'on promènerait la guillotine par les rues. La municipalité délibéra
pour savoir qui devait être chargé de cette besogne. C'eût, peut-être,
été l'affaire du Maire; mais il craignit de déplaire par là aux meneurs
des Sections, avec lesquels il paraît aimer à vivre en bonne intelligence.
Plusieurs citoyens conseillers municipaux eussent rempli volontairement
cette mission, dans le cas où on les en aurait chargés; mais l'on préféra
désigner l'Accusateur public, qui d'habitude est le bouc émissaire. Le
Maire, en m'écrivant de me charger de cette mission et de donner
les ordres relatifs à la guillotine, ajouta : *Tout ce que vous ferez sera
bien fait.* A la lecture de cette lettre je me demandai : Eh! pourquoi encore moi? Veut-on me tendre un piège et faire rejaillir tout l'odieux de
cet arrêté sur moi? Ce fut là la pensée que j'exprimai au Président du
tribunal : J'avais à opter entre la haine d'un grand nombre de mes concitoyens et entre l'exécution d'une mesure que je croyais utile, et par laquelle j'espérais remédier à la dépréciation des assignats. Mon parti fut
pris, je fis les préparatifs de la publication; je me rendis à 4 heures à
l'Hôtel-de-ville, où je ne trouvai personne qui voulût m'accompagner,
à l'exception du citoyen Jung, qui ne possède pas beaucoup d'argent,
mais pour cela plus de loyauté que la plupart des porteurs d'écharpe.

« De l'Hôtel-de-ville nous nous mîmes en marche, accompagnés d'un
détachement à pied et d'un autre à cheval; je proclamai l'arrêté du
Conseil du Département, approuvé par les Représentants du peuple, sur
toutes les places publiques, en avertissant les citoyens du danger qu'ils
couraient s'ils ne se conformaient pas à la loi, et leur expliquai le motif
pour lequel j'étais accompagné de l'instrument du supplice : je dis que
c'était pour punir sérieusement les contrevenants à la loi contre l'agiotage.

« L'arrêté voulait que cette cérémonie eût lieu trois jours de suite, et
cela dans le département entier. Vu l'impossibilité de l'exécution de
cette prescription, pour laquelle il m'eût fallu une année entière, je crus
atteindre le but de l'arrêté en faisant placer la guillotine sur la Place
d'Armes jusqu'au vendredi suivant, jour auquel je tenais à la faire voir
aux gens de la campagne qui se rendent habituellement aux marchés,
comme dans le désert Moïse a fait voir aux lépreux le serpent d'airain.
Je fis part de mon projet au Maire et au Procureur-général qui l'ap-
prouvèrent. »

Cependant le public ne put supporter l'aspect hideux de la guillotine.

Des protestations s'élevaient de toutes parts et l'Administration, ne pouvant agir contre son propre arrêté, ne s'opposa point à la volonté du peuple, bien au contraire, elle la favorisa en ne mettant point d'entraves à ce qui s'est passé dans la nuit du 19 au 20 août. Ce fut aussi la raison pour laquelle, malgré le grand nombre de témoins cités devant le juge de paix Marchand, qui a été chargé de l'instruction de cette affaire, on n'a cependant pas trouvé de coupable. Mais, ainsi qu'un homme très respectable, impliqué lui-même, nous l'a assuré, l'instruction du juge de paix ne fut qu'une comédie, car l'administration ne voulait pas qu'une suite sérieuse fût donnée à cette affaire [1].

---

29 AOUT 1793.

Euloge Schneider, Accusateur public du Bas-Rhin, au Comité du club du Miroir [2]. 7 p.

«Des fourbes,» dit Schneider, «ont excité contre moi la rage du peuple, sous le prétexte aussi faux que ridicule que j'ai fait placer, arbitrairement et en vue de calomnier la ville de Strasbourg, la guillotine sur la Place d'Armes. Sachez, citoyens, que je suis bien éloigné de vouloir calomnier les bons citoyens, que je voulais éviter de faire promener cet instrument de mort, et que, vu l'impossibilité d'exécuter littéralement le dernier article de l'arrêté du Conseil général du Département, du 14 de ce mois [3], en répondant toutefois au désir de l'Administration supérieure, j'ai préféré faire exposer la guillotine dans le chef-lieu du département, afin que les habitants de la campagne, en arrivant à Strasbourg, pussent se convaincre que les lois contre les agioteurs et les dénigreurs des assignats ne devront plus être ni enfreintes, ni foulées aux pieds. Cette mesure mériterait l'approbation de tous les véritables Républicains, et il n'y a que des malveillants et des mutins qui puissent trembler, pâlir, se courroucer à la vue du glaive de la loi.... Ayant vu que l'on avait osé le briser im-

---

1 Nous possédons dans notre collection le procès-verbal manuscrit du juge de paix et les dépositions des témoins relatifs à cette affaire.

2 *Argos*, t. III, p. 201.

3 ART. 17. Les Directoires nommeront des Commissaires particuliers chargés de publier et lire pendant trois jours consécutifs et au son des trompes, caisses et cloches, le présent arrêté aux citoyens réunis dans leurs Assemblées primaires. La publication sera accompagnée *de l'apparat imposant de la guillotine,* sans cependant qu'elle puisse être retardée.

punément, j'ai donné ma démission, que les Représentants du peuple n'acceptèrent point. Je vous déclare donc que je resterai à mon poste et que je saurai mourir pour la bonne cause de la liberté et pour la République une et indivisible, et que ce n'est pas seulement depuis hier que je suis exposé aux poignards des assassins.

«Vous avez demandé mon arrestation et la visite de mes papiers, et de quel droit? Serait-ce en ma qualité d'étranger? Mais ne savez-vous donc pas que je suis né dans l'ancienne France? Suivant le livre saint de la Constitution je ne puis être regardé comme un étranger! Ignorez-vous que ce serait un excès de sottise et de barbarie, si l'on ravissait l'exercice des droits de citoyen en France à un homme que l'on a appelé par des lois formelles et auquel on a assuré, par des traités solennels, cet exercice?

«Où ai-je péché dans l'exercice de mes fonctions? Où est l'effronté qui puisse avancer contre moi un seul fait? N'ai-je point consécutivement combattu l'agiotage, le feuillantisme, le fédéralisme, le royalisme? N'ai-je pas sacrifié mon temps et ma fortune pour éclairer le peuple et pour lui procurer des hommes capables de l'instruire dans la religion et dévoués à la loi? Quoi? L'on ose me suspecter dans un État républicain, moi, qui depuis quinze années ai été continuellement persécuté par les prêtres, par les tyrans, par les pédants et par les scélérats de toutes les classes?

«Mais l'on m'accuse de souffler la discorde parmi les citoyens et de faire à la ville de Strasbourg une mauvaise réputation. Oui, mes frères, je m'en glorifie d'avoir soufflé la discorde entre le vice et la vertu, entre le fédéralisme et le républicanisme, entre les séducteurs d'un peuple bon et honnête et qu'ils plongent dans la misère, entre les girondins et les montagnards, entre les complices des rebelles de Lyon et de Marseille et les défenseurs de l'unité et de l'indivisibilité de la République. Si l'on me fait un crime d'élever hautement ma voix à la lecture d'adresses fédéralistes ou girondistes, sans nul doute je suis coupable. Mais en-dehors de ces querelles politiques, jamais je n'ai soufflé la discorde. J'ai toujours tâché de rallier tous mes concitoyens à la loi et à la Convention nationale, surtout au temps où les agents de Pitt et de Cobourg cherchaient à les avilir et à les émeuter contre la sainte Montagne et contre la généreuse ville de Paris.

«L'on a voulu vous faire accroire que j'ai demandé mes passe-ports; ceci est faux, mes concitoyens.

«L'on vous a encore dit que j'ai cumulé les traitements de Vicaire épiscopal et d'Accusateur public. C'est encore faux; car depuis que j'ai cessé d'exercer l'état ecclésiastique pour servir la patrie dans les fonctions d'Accusateur public, je n'ai plus touché de traitement comme

Vicaire. Il vous sera facile de vous en convaincre par les registres de l'Administration.

«Vous avez envie d'examiner mes papiers? Venez chez moi, je n'ai aucun mystère pour mes concitoyens.

«L'on m'a accusé encore d'avoir dit dans le club des jacobins : La première classe une fois partie, la seconde et la troisième la suivront bientôt, et alors nous serons les maîtres et nous pourrons agir d'après notre bonne volonté. Hélas! je vous somme de nommer les misérables qui ont osé inventer de pareilles infâmies. Est-il possible que des hommes de sens commun aient pu croire à de pareilles accusations mesquines? Cessez donc de prêter vos oreilles à la calomnie et de poursuivre un patriote....

«Quant à moi, je vous déclare en face de l'Être suprême, que la haine et la vengeance sont inconnues à mon cœur ; que toutes mes intentions sont pures, que je suis prêt à me sacrifier pour le bien public, mais que jamais je ne ferai de concessions contraires à mes principes, que je maintiendrai à tout jamais l'exécution des lois et que je persécuterai jusqu'à ma mort le feuillantisme, le fédéralisme, le royalisme, l'agiotage et la fausseté. Paix à tous les bons citoyens ! Guerre aux fédéralistes et aux traîtres !»

———

1er SEPTEMBRE 1793.

Sur l'état des affaires religieuses dans le département du Bas-Rhin, par E. Schneider [1]. 9 p.

«Dans tous les temps,» dit l'auteur de cet article, «l'influence de la religion sur l'État fut d'une grande importance. Le législateur doit porter toute son attention sur les rapports qui existent entre la religion et l'État. La liberté doit-elle régner dans un État, il est essentiel surtout que les opinions religieuses soient éclairées chez le peuple qui vient de briser ses chaînes et qui jouit des précieux fruits de la liberté. Il faut que toute espèce de contrainte en matière de foi disparaisse et que le despotisme des prêtres soit banni entièrement.

«Je ne dirai point pour cela qu'il ne faut plus de prêtres, car je crois qu'aussi longtemps que les hommes sont des hommes, il sera nécessaire de les rappeler à l'exécution de leurs devoirs. La religion chrétienne est incontestablement un moyen efficace pour le perfectionnement du genre

———

[1] *Argos*, t. III, p. 225 et 241.

humain ; sa morale est pure, simple et humaine, et celui qui veut l'abolir, est d'après mon opinion un homme dangereux et nuisible, un ennemi de la moralité, sans laquelle aucun État, et bien moins encore aucune République, ne peut subsister longtemps. »

De ces considérations générales, Schneider passe à un coup d'œil sur les affaires religieuses du département du Bas-Rhin et fait la remarque que son attente relativement aux progrès que les protestants feraient faire au républicanisme a été déçue. Voici comment il s'exprime à cet égard :

« Au commencement de la révolution ils se montraient très-actifs pour la propagation des idées nouvelles. Ils étaient alors trop convaincus des préférences que l'on accordait sous l'ancien régime aux catholiques dans la nomination aux places. Ils se rappelaient encore trop les édits et les ordonnances du roi qui, malgré les contrats solennels, avaient enfreint la liberté de leur culte. Ce fut la révolution qui leur assura l'égalité devant la loi.

« Mais tout en voyant ce qu'ils avaient gagné, ils ne prévoyaient pas les sacrifices auxquels ils furent assujettis par la suite. Ce sont ces sacrifices qui les rendirent indifférents contre le nouvel état de choses. A l'exception de deux pasteurs protestants, Stuber et Engel [1], tous les autres sont rentrés dans leur vieille routine, et cependant si Luther vivait encore parmi nous, il désavouerait lui-même ses propres écrits, et je suis convaincu que s'il était prédicateur au Temple-Neuf, il ferait chanter avant et après chaque sermon :

> Et quand les démons furieux
> Rempliraient notre terre,
> Tous leurs efforts audacieux
> Et toute leur colère
> Nous laissent sans peur
> D'un mot le Seigneur,
> Le libérateur,
> De toute sa hauteur
> Renverse l'adversaire.

---

7 SEPTEMBRE 1793.

Avertissement d'un patriote, par E. Schneider [2]. 3 p.

L'auteur, en faisant allusion aux calomnies dirigées contre lui, dit :

« Soyez sur vos gardes, citoyens, il se forme dans les ténèbres une

---

[1] Le premier pasteur à l'église de St-Thomas, l'autre à l'église réformée.
[2] *Argos*, t. III, p. 233.

nouvelle conspiration parmi vous; ce sont des démons qui se sont glissés parmi vous dans l'ombre du silence. Nul plan plus dangereux contre la révolution ne fut encore imaginé. Tout paraît le favoriser, même le patriotisme. Après s'être aperçu qu'un si grand nombre de fonctionnaires publics sont devenus traîtres, les scélérats, en se fondant làdessus, peuvent attaquer le fonctionnaire vraiment patriotique. Ils inventent des crimes et forgent des accusations. Si le fonctionnaire se défend, il perd un temps précieux pour les affaires; ne répond-il pas à ces attaques, ils disent : «Il ne peut pas répondre, il est un traître.» Le manque de confiance est souvent la perte des hommes les plus honnêtes.»

———

21 SEPTEMBRE 1793.

Nous n'avons qu'à vouloir et ça ira, par E. Schneider[1]. 4 p.

Après avoir passé en revue les différentes phases de la révolution, l'auteur termine en disant :

«Il y a quelques semaines encore que l'on doutait de la stabilité de la République, la levée en masse fut ordonnée, on voulut vaincre et la victoire fut à nous. Et maintenant il faudrait avoir honte d'avoir plus longtemps encore de la méfiance dans l'édifice majestueux de notre liberté et de notre égalité, même nos ennemis en parlent aujourd'hui avec respect et tout nous présage un bonheur incommensurable et une jouissance non troublée de la liberté, par la seule raison que nous voulions être heureux et que nous voulions être libres !»

———

26 SEPTEMBRE 1793.

Des dénonciations, par E. Schneider[2]. 5 p.

L'auteur, tout en combattant les mauvaises dénonciations qui ont leurs sources dans l'égoïsme, dans l'ambition ou dans la volonté de nuire, dit :

«Cependant les dénonciations sont incontestablement dignes de tous nos égards dans une République, où la liberté et l'égalité doivent régner; surtout au temps où elle veut se purger de tous les préjugés, ou qu'elle veut faire tarir toutes les sources des calamités qui jadis nous rendaient si malheureux.»

———

[1] *Argos*, t. III, p. 281.
[2] *Id.*, p. 297.

1ᵉʳ OCTOBRE 1793.

*Auch einmal deutsch gesprochen mit den Volksrepräsen-
tanten* (Parlé une fois vertement aussi aux Représentants du
peuple), par E. Schneider [1]. 5 p.

«Vous êtes envoyés ici,» dit l'auteur, «pour employer les moyens
énergiques de la Révolution contre les plaies politiques; vous devez,
armés d'une main de la loi et de l'autre du glaive, écraser les traîtres et
récompenser les justes. Que pouviez-vous faire? Qu'avez-vous fait? L'ennemi cernait le fort de Landau, le peuple se leva et vous ne bougiez
pas, lorsque le rêveur Landremont empêchait nos valeureux guerriers de
se battre; lorsque l'inaction paralysait tout et que le danger augmentait
toujours, grâce aux énormes travaux de l'ennemi. Pourquoi hésitiez-
vous? Un seul signe de vous eût enflammé les républicains; ils se seraient
audacieusement avancés et auraient victorieusement escaladé les bastions
des Autrichiens, et Landau serait libre.

«Et les assignats n'ayant plus de valeur chez nous, l'armée meurt de
faim, le soldat, qui ne peut pas même acheter un oignon pour le manger
avec son pain, se mécontente; la loi existe, vous l'avez fait publier, mais
vous avez gardé votre épée dans le fourreau. Avec les paroles seules on
n'obtient rien de l'Alsacien tenace, il veut voir des actions, il demande
à être ébranlé vigoureusement. Pourquoi avez-vous laissé le temps à ces
scélérats, les rusés agioteurs, de dresser leurs plans perfides. Vouliez-
vous, par hasard, les encourager par vos hésitations? Vouliez-vous pré-
cipiter la patrie dans l'abîme sans l'aide même des Autrichiens?

«Depuis longtemps déjà les jacobins de Strasbourg vous ont dit que
des lâches ou des scélérats se trouvent dans les divers corps administratifs, et vous ont indiqué des hommes capables de juger sévèrement tous
les traîtres. Et vous ne bougiez pas; un mois après l'autre s'écoula et
vous ne bougiez toujours pas. Et vous osez vous nommer des Représentants du peuple? Seriez-vous des ambassadeurs du roi de Prusse ou de
l'empereur d'Autriche, l'on s'expliquerait votre conduite et il faudrait y
applaudir.

«Vous vous êtes fait accuser d'avoir usé de despotisme pour réprimer
de légères fautes, tandis que vous étiez indulgents pour le crime! Le beau
parleur Beauharnais fut rappelé, mais trop tard; le rêveur Landremont
tomba, mais trop tard. Vous avez fait marcher à l'armée la première

---

[1] *Argos*, t. III, p. 313.

classe de nos jeunes gens, pourquoi n'avez-vous pas d'abord anéanti par le feu et le fer la première classe de nos ennemis, les aristocrates, les feuillants et les agioteurs? Et toi, Ruamps, que la malédiction tombe sur toi; des patriotes gémissent dans les prisons dans lesquelles ton courroux aveugle les a fait jeter. Les pauvres soldats blessés ou malades à Mayence y eussent pu pourrir dans leur misère, si la voix des jacobins n'eût pas tonné pour appeler à leur aide. Et vous osez vous nommer des Représentants d'un peuple qui dans sa Constitution promet de soutenir les malheureux, qui a juré d'entourer ses lois de toute la force de la vertu, comme d'un mur de feu?

«Les amis de la liberté et de l'égalité vous ont demandé une somme d'argent pour contribuer au bien-être de la République; vous l'avez entendu vous-mêmes et vous n'avez donné aucune suite à cette demande, sous le futile prétexte qu'on ne l'avait pas faite officiellement. C'est faux, parce que nous l'avons faite par écrit, mais vous avez jugé convenable de tarder jusqu'au moment où le temps où cet argent eût pu servir fut passé.

«Si vous vous étiez partout montrés hommes actifs et intrépides, les monstres de l'aristocratie et du feuillantisme eussent été étouffés parmi nous; nos drapeaux flotteraient de nouveau sur les remparts de Mayence et l'ennemi en serait chassé. Mais un mois après l'autre se passait et vous ne bougiez pas. J'espère cependant que les vrais jacobins ne se tairont, que lorsque vous serez ou innocents et blancs comme la neige, ou lorsque le masque du modérantisme honteux, de l'assassinat de notre liberté sera arraché de vos fronts. Et tout ce temps l'*Argos* fera de doubles patrouilles et que Dieu garde celui qu'il rencontrera sans lanterne.

«*Observations.*

«1. Les Représentants du peuple sont principalement à l'armée pour surveiller les généraux; non pour contrarier leurs opérations ou pour annihiler leur responsabilité. Ils ne doivent qu'observer, mais non commander. Ils doivent avoir soin de procurer au général les forces nécessaires; le général est responsable de leur bon emploi. Qu'ont fait nos Représentants? Parle, respectable Sparre!

«2. Milhaud jura sur la tribune qu'il se mettrait à la tête de la levée en masse de nos citoyens, et cependant il ne doit redouter rien plus que le — danger. A quoi a servi la grande levée en masse? Elle a causé des frais énormes, la grande cherté, et nous a rendu ridicules aux yeux de nos ennemis.

«3. Si nos campagnards n'eussent pas été retenus sans aucun profit auprès de l'armée, les grains seraient maintenant battus et livrés. Les

Représentants reprochaient à nos administrateurs de manquer de capacités, et cependant à eux seuls la faute. Leur conduite envers l'administration départementale approche, sinon du despotisme, mais au moins de l'ineptie.

«*Eheu! jam satis!*»

3 OCTOBRE 1793.

Le père *Argos* cherche des jacobins! par E. Schneider[1]. 6 p.

Après avoir cherché de ses cent yeux des jacobins dans la Société des amis de la liberté et de l'égalité, le père *Argos* n'en trouva point.

«Cependant à la Société du club,» dit Schneider, «quelques vrais jacobins m'accostèrent en me disant : «Ne te trompe point, tu n'as vu le tableau que d'un côté; il y a encore des hommes parmi nous qui ont bu à la véritable source, qui ont la vue éclairée et sereine, des hommes sans peur qui aiment et honorent leur patrie avec chaleur.»

5 OCTOBRE 1793.

Que serait-ce si Strasbourg était assiégée? par E. Schneider[2]. 5 p.

«Chacun sait,» dit Schneider, «que les valets des despotes font l'impossible pour s'emparer de Landau, afin qu'ayant leurs derrières assurés, ils puissent envahir les départements du Rhin. Il est vrai que les formidables lignes de Wissembourg leur barrent le chemin, il est vrai aussi qu'un Représentant du peuple a promis hier encore qu'il aimerait mieux périr avec toute l'armée du Rhin que de consentir à ce que Strasbourg fût assiégée. Cependant la prévoyance n'est point nuisible; à cet effet nos administrations ont soin d'approvisionner la ville; les canons prêts à recevoir l'ennemi sont placés sur nos remparts. Imaginons quelle serait, dans le cas d'un siége, la conduite de notre bourgeoisie, si les bombes et les boulets rouges tombaient dans notre ville, si les maisons brûlaient, si nos amis étaient tués ou blessés, si toutes les forces humaines étaient nécessaires pour supporter les dangers et les charges qui tomberaient sur nous sans nombre. Les Strasbourgeois préféreraient-ils, en imitant

---

1 *Argos*, t. III, p. 321.
2 *Id.*, p. 329.

les citoyens de Sagonte, de se laisser brûler ou ensevelir vifs dans leurs maisons, ou d'ouvrir les portes à l'ennemi?»

Schneider doute beaucoup du courage des gens riches, mais il continue en disant : «Mais les sans-culottes sont déjà habitués aux dangers ; ils ont déjà soutenu toute la pression sous l'ancienne tyrannie et sont encore maintenant en guerre à mort avec les agioteurs, les accapareurs, les dépréciateurs des assignats et avec toute la bande éhontée des aristocrates et des feuillants. Ils se réjouiront si le temps vient une fois, où la vérité paraîtra en première ligne, où l'or et l'argent paraîtront ridicules et où la gloire sera réservée à l'homme seul qui avec une force inébranlable et avec un bras fort se jetera au milieu de l'ennemi en combattant pour sa patrie jusqu'à sa délivrance. »

—

8 OCTOBRE 1793.

Harangue adressée à nos nouveaux administrateurs, par E. Schneider [1]. 8 p. Texte : Ecclésiastique IV, 23-34.

«Je vois sur vos visages,» dit Schneider au début de sa harangue, «que vous croyez que mon texte est trop long ; cependant je désirerais qu'il fut encore cent fois plus long, car maintenant il est encore temps de vous adresser des discours. Quand vous serez une fois assis chaudement sur vos siéges, vous ne voudrez plus entendre mes bons conseils. Maître Jésus fils de Sirach fut un loyal sans-culotte, et quoique l'on en dise, un tout aussi bon jacobin, car il ne craignit point de dire la vérité toute nue et cela lui allait fort bien. Dans une seule ligne de son livre il y a plus de vérité que dans les têtes les plus érudites de notre très-célèbre Université strasbourgeoise. On se trompe fortement en pensant que son livre fut proprement destiné aux enfants ; cette opinion était celle de l'ancien régime. Non, ce livre est destiné aux administrateurs du Département et du District, aux municipalités et aux juges du tribunal criminel. Ils devraient le placer sur leurs bureaux et fortifier leur esprit par la pure flamme de la vérité qui brûle dans l'Ecclésiastique.»

Après avoir conseillé aux nouveaux administrateurs de ne pas suivre l'exemple de leurs devanciers et après leur avoir donné de bons conseils qu'il les conjure de suivre, Schneider termine en disant :

«Ne vous laissez ni toucher ni intimider par personne, reconnaissez franchement le droit, car par là la vérité et le droit se manifesteront. S'il vient,

1 *Argos*, t. III, p. 337.

par exemple, un Représentant du peuple au club des jacobins et y prononce un beau discours au lieu de donner des preuves et des faits, il faut que vous vous leviez et disiez : «Ce n'est que de l'airain sonnant, ce ne sont que des phrases ; donnez-nous de la vérité, donnez-nous un cœur sain et un esprit pur.»

«Mais ne faites aucun cas des applaudissements ; car on applaudit au club pour se chauffer les mains. Avez-vous fait une bévue, avouez-la franchement, cela vous fera estimer par les honnêtes gens. Ne vous souciez pas de la raillerie des sots ; ne se moquent-ils donc pas aussi de l'officier municipal Jung, et cependant Jung est un brave et excellent homme comme il ne s'en rencontre guère. Vous pouvez apprendre beaucoup de lui, mes chers nouveaux administrateurs, car il entend son métier et va droit au but. Suivez son exemple lorsqu'il fait incarcérer, la loi à la main, sans égards aux personnes, les grands et les petits, et défendez la vertu jusqu'à la mort.»

---

10 OCTOBRE 1793.

Qu'eussions-nous dû faire et que nous reste-t-il à faire? par E. Schneider [1]. 6 p.

«La plupart de nos généraux,» dit Schneider, «furent des traîtres, c'est connu, mais à qui la faute? Serait-ce au diable? Non, c'est à nous qu'il faut nous en prendre, à nous-mêmes. Nous ne les observons pas assez dans les moments décisifs, nous les flattons s'ils ont permis une fois exceptionnellement au courage de nos sans-culottes de battre l'ennemi. C'est alors qu'on entend de partout s'écrier : Quel grand homme que ce Custine, ou ce Houchard ! Je voudrais briser ma tête contre le mur lorsque j'entends de pareilles louanges. Ignore-t-on que tous leurs plans et tout leur art n'ont que le seul but, non de nous faire vaincre, mais de nous faire battre. Ils savent que nous possédons du courage et ils tâchent de l'étouffer par mille et mille moyens.»

L'auteur de l'article énumère une longue série de faits pour prouver ce qu'il vient de dire. Puis il se récrie contre les énormes dilapidations de la fortune de l'État, et contre les divisions intestines. «Partout,» dit-il, «la peste de la calomnie moissonne des âmes dans les ténèbres. Les ours et les loups de l'esprit de parti déchirent notre patrie. Je n'ignore point que l'on se plaint nuit et jour que les hommes manquent pour tel

---

ou tel emploi ; mais ce sont là des contes. La Convention peut les faire naître et des lois peuvent les faire sortir de terre. Il y a encore de braves gens en France ; comment la République se serait-elle établie sans cela et comment se maintiendrait-elle, si nous n'admettions cette vérité ? Ouvrez aussi les yeux et choisissez consciencieusement, sans avoir égard ni aux cousins ni aux cousines ; ayez en horreur le poison de la cabale et laissez tomber tous ceux qui ne savent pas se maintenir par leurs propres forces et leur propre vertu ; les marionnettes disparaîtront et les traîtres tomberont en cendres et vous verrez resplendir dans toute sa splendeur le temple de la liberté ! »

———

12 OCTOBRE 1793.

Quelque chose pour ceux qui aiment à prier, par E. Schneider [1]. 3 p.

L'auteur de cet article proteste de son grand respect envers les personnes pieuses qui adressent leur prières à Dieu ; «mais,» dit-il, «il faut que ces prières aient un but raisonnable, il faut que dans une République elles n'aboutissent qu'à la félicité de l'ensemble, il faut qu'elles fortifient le patriotisme et qu'elles ne paralysent jamais la raison et la vertu. Un républicain doit être républicain en priant et ne devrait jamais s'abaisser aux gémissements avilissants d'un esclave devant le trône d'un despote. Notre Dieu est un sans-culotte et non un grand seigneur et chacun qui fait la moindre attention voit combien ils nous aime et que tout en lui est en opposition avec les menées des agioteurs, des prêtres et des ci-devants. Il n'est pas un agioteur et cependant nous marchandons avec lui, il n'est point un prêtre et nous voulons le gagner par un assignat de 15 sols, il n'est pas un ci-devant et communément nous lui parlons comme jadis le paysan parlait à son seigneur. A quoi bon de pareilles stupidités ? Elles nous déshonorent et nous couvrent de honte. Nous nous avilissons d'une manière inconvenante, pour plaire à un être que nous connaissons tous pour être la plus haute perfection ; nous voulons lui faire accroire que deux fois deux font neuf, et cependant ne sait-il pas aussi bien que nous que depuis toute éternité deux fois deux ont fait quatre et que cela restera ainsi éternellement.»

———

1 *Argos*, t. III, p. 358.

15 OCTOBRE 1793.

Encore une fois parlé vertement aux Représentants du peuple, par E. Schneider [1]. 6 p.

«Combien de temps,» dit Schneider, «doit encore durer le mauvais ménage dans les départements du Rhin? Durera-t-il par hasard jusqu'au temps où Landau sera autrichienne ou que les boulets rouges pleuvront sur Strasbourg? Vous avez renouvelé les corps de l'administration et vous croyez maintenant pouvoir faire tranquillement bonne chère et l'amour ; vous avez fait de fortes réquisitions d'hommes et de grains ; mais que vous importe-t-il que les colonnes de la République soient placées solidement ou non. Ah! si vous voulez être des hommes, des républicains, levez-vous, examinez l'ensemble de la situation et arrêtez des mesures dignes d'une nation grande et libre. Les déclamations et les invectives contre les despotes et leurs valets ne suffisent point, elles prouvent au contraire l'ignorance du danger et même assez souvent de la peur et de la lâcheté.»

Après avoir conseillé aux Représentants de suivre l'exemple de Frédéric le Grand, qui savait remporter tant de victoires par l'unité qu'il avait mise dans ses dispositions militaires, Schneider continue : «Et Frédéric fut un despote et nous sommes républicains. Croyez-vous nous faire accroire qu'une République se défendrait mieux par le désordre et la stupidité que par l'ordre et la raison. Ou vous n'entendez pas votre état, et dans ce cas retournez là d'où vous êtes venus, ou vous ne voulez pas l'entendre ; ha! alors subissez le sort des traîtres. Grâce à l'inconséquence de vos demi-mesures, chacun soupire après une paix honteuse ; vous ridiculisez par vos vacillations continuelles la sublime Représentation des Français, et vous ferez en sorte que l'on se méfiera d'elle. . . .»

«Serait-il vrai que la peur et la terreur soient nécessairement à l'ordre du jour, parce que en vain on cherche la raison et le républicanisme? Eh bien donc s'il en est ainsi, usez de ces moyens en hommes et non en enfants ou en femmes. Ayez soin que l'ordre le plus strict règne dans la recette et dans la dépense, et si vous êtes obligés de faire la réquisition des blés, faites-la la loi à la main, et qu'elles tombent les têtes de ceux qui s'y refusent et qui l'entravent ou qui sont retardataires, seraient-ils même vos meilleurs amis, votre Dieu lui-même, abattez-lui la tête, abattez-lui la tête.

---

[1] *Argos*, t. III, p. 361. Cet article fait la suite de celui du 4 du même mois.

Mais que tout cela ne se fasse que la loi à la main, je vous en conjure ; car je serais encore le premier à demander inexorablement que l'on abatte votre tête. C'est en cela que l'on a terriblement péché ; ne connaissez-vous point le plan des traîtres, des valets des despotes, de faire tomber tous les patriotes par des calomnies et par de fausses accusations, d'exciter la méfiance et de briser tout le mécanisme de la République. Et, connaissant ce plan, pourquoi avez-vous pu regarder tranquillement lorsque le patriote Lambla, maire de Schlestadt, et un certain nombre d'ardents républicains ont été arrêtés et illégalement incarcérés ? Pourquoi souffrez-vous que les généraux, sans aucune forme légale, sur la seule dénonciation de vils calomniateurs, fassent arrêter nos meilleurs patriotes, les véritables jacobins ? Et de qui tenez-vous la puissance de lancer des lettres de cachet inquisitoriales contre des citoyens, qui eux aussi ont prêté le serment à la Constitution et qui auraient honte d'agir de la même manière que vous ? Vous n'avez pas été envoyés parmi nous pour jouer les despotes. Si tel était notre désir, nous n'aurions qu'à appeler dans nos murs les Prussiens et les Autrichiens ; ils nous opprimeraient et nous crieraient : «Par la raison que nous sommes vos rois, vous êtes nos valets !» Vous, au contraire, vous nous opprimez et vous nous criez : «Nous sommes républicains, vous êtes nos concitoyens, nos frères !» O non-sens ! Il faut respecter le citoyen, car la loi le protège. Aussi longtemps qu'il n'est pas prouvé qu'il a manqué à la loi, il est inviolable, et alors encore est-il nécessaire de suivre les préceptes de la loi ; si vous ne faites pas cela, je vous déclare que vous êtes des tyrans et j'aiguiserai mon poignard. Savez-vous ce qu'étaient les soldats prétoriens à Rome ? Avez-vous oublié ce qu'a fait le traître Dumouriez dans les Pays-Bas ? Vous seraient-elles inconnues toutes ces scènes de désordre et de carnage qui ont eu lieu à Rome, parce qu'il fut permis à des généraux d'emprisonner et de faire mettre à mort d'après leur bon plaisir ? Que Dieu nous préserve d'un despotisme militaire ! Et vous, Représentants du peuple, je vous le déclare franchement, vous le favorisez, vous dormez pendant que votre patrie se trouve dans le plus terrible des dangers. C'est pourquoi je vous le répète hautement : Veillez, soyez justes et montrez-vous en hommes forts et d'un grand caractère, sans cela vous serez criminels de lèse-majesté envers une grande et respectable nation [1].»

————

1 Voir sur cet article *Eulogius Schneider's Schicksale in Frankreich*, p. 125-128.

17 OCTOBRE 1793.

Ralliez-vous fermement, braves jacobins! par E. Schneider [1]. 6 p.

«Il y eut quelque part,» dit Schneider, «une bataille sanglante ; une troupe d'hommes décidés s'entrelièrent par des chaînes, ne cédèrent pas d'un pouce, combattirent héroïquement et vainquirent. Faisons de même dans ces temps affreux. L'ennemi se trouve déjà dans notre voisinage, chez les faibles la crainte et la frayeur s'allient à lui. On devrait pleurer à chaudes larmes sur la prise des lignes de Wissembourg, car ce n'est pas la force de l'ennemi qui a vaincu, mais nous avons été trahis par la négligence de nos Représentants du peuple et de nos Généraux et par la légèreté de nos soldats. Serait-il possible sans cela que des hommes libres aient été chassés par des valets de despotes ? Notre cause est divine et ils ont tous juré de vaincre ou de mourir. Notre République sera sauvée, c'est une immuable vérité, mais l'histoire sera flétrie de taches, que nous voudrions laver de notre sang. 60,000 Républicains sont mis en fuite par 5000 rebelles, et une forte armée est culbutée des formidables lignes de la Lauter, lorsque par son héroïsme, sa vigilance et son union, elle eût pu remporter une victoire éclatante. Sur le cimetière de St-Jacques 1200 Suisses, en versant tout leur sang, combattirent contre 50,000 valets de despotes, et la mort des vainqueurs fut célébrée dans le pays entier par des larmes de joie. Car ils tombèrent en hommes courageux ; ils firent leur devoir, ils sauvèrent leur patrie et électrisèrent, par leur courage et leur force toute-puissante, tous les hommes et tous les jeunes gens de la Suisse. Et nous, nous fuyons devant les Autrichiens ! Nous les laissons prendre une forteresse formidable ; les Suisses meurent courageusement derrière les murs d'un cimetière ! Je voudrais mourir de honte. Mais pouvait-il en être autrement ? A l'approche de l'ennemi, nos Généraux se trouvaient, peut-être, dans les bras de leurs maîtresses, et nos Représentants ne songent qu'alors à des mesures de salut, quand de belles filles les y appellent. Au jeu de cartes ils oublient qu'il s'agit de combattre pour la liberté du monde entier : on noye dans le vin de Champagne la pensée divine que l'homme est invincible et immortel par la raison et par la vertu.

«Jacobins, je m'adresse à vous pour trouver des exemples d'un courage inébranlable. Il faut être juste, vous les avez déjà donnés, mais

---

[1] *Argos,* t. III, p. 369.

c'est précisément ce qui vous engage à vous montrer doublement forts et fermes. Vous venez de dormir, réveillez-vous ; je voudrais vous crier avec la voix du tonnerre : réveillez-vous ! réveillez-vous ! Enchaînez-vous l'un à l'autre et que la mort écrase celui qui ose attaquer le temple de la liberté. Soyez forts en esprit et en vérité ; soyez des hommes dans la force du terme.

«Avant tout ne vous laissez point induire en erreur si par hasard un Représentant du peuple vous dépeint avec une précieuse éloquence un club central à l'Hôtel-de-ville de Strasbourg. L'on veut vous séparer, on veut détruire votre force, mais l'on se sentira atteint par la foudre, aussitôt que vous montrerez que vous êtes décidés à défendre au prix de votre sang, le temple sacré que vous avez érigé à la liberté. C'est en vous que se concentre la force, la véritable vie de la République ; lorsque vous parlez, tout préjugé devra se taire ; que le Général, le Représentant du peuple, devant lesquels des milliers d'hommes se courbent, tremblent dans votre Société, quand leur conscience leur dit : Tu es un fourbe ! Que chacun qui entre dans vos assemblées soit pénétré de respect ; que les cris des tribunes soient rendus muets par la dignité qui règne dans votre enceinte. Mais expulsez inexorablement tout membre qui vous déshonore, qui ne veut pas vivre et agir pour la grande cause de la République.

«Veillez sur la ville, sur le pays, sur l'armée, sur les pouvoirs civils et militaires ; veillez sur la Convention ! Que de toutes parts on l'invite à rester à son poste jusqu'à la paix. Mais quand viendra-t-elle cette paix ? Devons-nous rendre plus doux encore aux hommes que nous avons élus législateurs le doux poison de la domination ? Devons-nous avoir l'air de les prier de devenir nos dictateurs ? Non, maintenons-les aussi longtemps que durera la grande crise de la patrie ; surveillons sévèrement leurs moindres actions et désignons en attendant parmi les patriotes les hommes d'énergie et de dignité qui devront composer un jour la nouvelle législation.»

17 OCTOBRE 1793.

Aux bons Strasbourgeois, par E. Schneider [1]. 2 p.

«On prétend avoir vu,» dit Schneider, «le jour où la triste nouvelle de la prise des lignes est arrivée, des visages joyeux. Qui étaient ces êtres

---

[1] *Argos*, t. III, p. 374.

dégénérés? Pourquoi ne les a-t-on pas arrêtés, pourquoi ne les a-t-on pas anéantis? Cependant je n'en croirai rien, cela me déchirerait le cœur. J'espère que le danger qui est si près de nous concentrera nos forces et nous rendra invincibles. Car, citoyens, Strasbourg ne peut plus être sauvée que par votre courage et par vos nouveaux sacrifices. Il faut maintenant que vous ne voyiez que des postes, des remparts et des bastions. Pénétrez-vous de l'idée que vos maisons ne vous appartiennent plus, ou, ce qui vaut encore mieux, qu'elles appartiennent à la patrie, et alors attendez l'ennemi avec tranquillité et soyez prêts à l'anéantir. C'est à Strasbourg que la patrie doit être défendue, l'humanité entière compte sur la fermeté de notre courage. Que nous soucions-nous maintenant des palais et des maisons, laissons les brûler, pourvu que l'ennemi ne mette point le pied sur la Place d'Armes.

«Du reste notre position ne paraît pas être aussi terrible que les Aristocrates veulent le faire accroire. Notre armée se rassemble de nouveau au même endroit mémorable où Turenne opérait ses prodiges. Nous sommes sûrs de vaincre, si nous faisons notre devoir et si nous empêchons l'ennemi de se retrancher. Aussitôt que nous agirons avec attention, avec énergie et avec union, la victoire ne saurait nous manquer. Il faut convenir qu'il existe de grands désordres dans l'armée, mais les sans-culottes égarés se laissent corriger facilement et il faut mieux surveiller les chefs. Courage, citoyens, la liberté vaincra quand même l'Europe entière marcherait contre elle.»

———

22 OCTOBRE 1793.

Lettre de E. Schneider, au citoyen Monet, Maire de Strasbourg.

«*Au citoyen Monet, Maire de Strasbourg.*

«Je requiers le citoyen Maire de faire incessamment mettre en état d'accusation le nommé Rausch, ci-devant employé du prince de Darmstadt, domicilié au Pfennigthurm, et de faire mettre les scellés sur ses papiers.

«Strasbourg, le 2me jour du 2me mois de l'an 2 de la République.

«L'accusateur public du Bas-Rhin, *Euloge Schneider.*»

«Le citoyen Jung est requis de mettre la présente réquisition à exécution, en conséquence de mettre le scellé sur les papiers du citoyen Rausch et de le faire ensuite conduire en la maison d'arrêt après avoir décerné contre lui mandat.

«Le 2 du 2me mois de l'an 2. *P. F. Monet,* Maire.»

———

22 OCTOBRE 1793.

Sur la nouvelle taxe des denrées les plus indispensables, par E. Schneider [1]. 5 p.

«Ainsi,» dit l'auteur de cet article, «la taxe si longtemps désirée est enfin arrivée! Ne trouvera-t-elle pas d'obstacle dans son application? — Sans doute, mais cela ne l'empêchera nullement de fonctionner légalement. L'avarice et l'astuce spéculeront de leur possible pour rendre nul l'effet de cette grande mesure, mais partout on tâchera de leur barrer le chemin; c'est à quoi la Convention a songé, c'est à quoi nos Administrations pourvoiront. Beaucoup de personnes disent hardiment, cette loi ne nous regarde point; d'autres s'appuient sur l'omission de la taxe de certains articles; d'autres encore distribuent leurs marchandises à leurs parents et à des recéleurs; arrive alors un acheteur, on lui dit que cette marchandise est vendue! Mais garde à vous, coquins!

«N'est-il pas mortifiant pour le vrai patriote de voir régner cette honteuse soif d'argent. C'est aux dépens des pauvres que les riches, véritables sangsues du peuple, acquièrent des palais et de belles campagnes. Je ne parle point ici des merciers et des petits négociants, mais des banquiers, des négociants en gros et d'autres hommes dénaturés qui de tout temps ont fondé leur fortune sur le malheur du peuple. Que l'on se reporte à l'année 1789 et aux années suivantes où ces gens ont fait de si grandes affaires, et avec qui? Avec l'Étranger. On n'ignore point que ce sont eux qui ont fait tomber les assignats et ont rempli leurs caisses par l'infâme agiotage avec le papier-monnaie.

«Et qu'ont-ils fait après s'être emparé de tout le numéraire? Ils ont fermé leurs comptoirs; ils ont fait manquer les denrées au peuple. Mais laissons-leur leur or et les assignats, la République a quelque chose de plus réel, elle a des bras vigoureux. C'est avec eux que l'on fait marcher les fabriques et les manufactures. Laissez fermer leurs fabriques aux riches, la République s'en emparera et décrétera la réquisition des matières premières. Il faut qu'ils sachent, ces riches coquins, que la République peut dans un clin d'œil réduire en cendres l'or et les assignats qu'ils possèdent. Oui, le temps est arrivé où le géant populaire saura humilier les commerçants afin qu'ils ne deviennent pas des princes; l'heure est arrivée où toute spéculation de leur part sera déclarée crime de lèse-majesté....

---

1 *Argos*, t. III, p. 385.

«Ce que je voudrais conseiller à la municipalité, ce serait de veiller inexorablement à l'exécution de la taxe. Il faudra qu'elle surveille le riche qui profiterait du bénéfice de la taxe pour s'emparer au détriment du pauvre de ce qui dépasserait ses besoins. Et quant à ces messieurs qui ferment leurs magasins en disant que tout est vendu, contre ceux-là il n'y a pas de meilleur moyen qu'une prompte déportation, car de pareils bandits devront être expulsés de la terre de liberté, où les hommes doivent vivre en frères et non comme des loups parmi les troupeaux.»

—

22 OCTOBRE 1793.

Qui est suspect? par E. Schneider [1]. 2 p.

«Ce sont,» dit Schneider, «les agioteurs, les accapareurs de grains, les négociants et les spéculateurs avares, en général ceux qui spéculent sur le malheur du peuple.

«Les personnes qui répandent de mauvaises nouvelles, les fripons qui désireraient porter le désespoir parmi le peuple.

«Les scélérats qui, lorsque le tocsin sonne et que partout règne la consternation, manifestent de la joie.

«Les efféminés et les muscadins qui, pendant que leurs frères versent leur sang pour la patrie, s'amusent dans des festins et avec des filles.

«Les hommes inconséquents qui portent toujours sur leurs lèvres les mots de liberté, de république et de patriotisme et qui cependant fréquentent des hommes suspects, des ci-devants et des aristocrates.

«Les corrupteurs de l'esprit public qui masquent leur républicanisme tiède ou plutôt leur haine contre la Révolution sous les noms de modération, d'ordre public, de paix et d'impartialité.

«Les hommes impitoyables qui peuvent voir sans miséricorde le pauvre peuple gémir, mais qui ne pleurent que lorsqu'un riche ou un puissant souffre, et aux yeux desquels aucune loi ne saurait être assez sévère contre les sans-culottes et aucune loi assez douce contre les hommes d'argent, contre les ci-devants et contre les dames nobles.

«Les patriotes lâches et les feuillants qui tournent le manteau d'après le vent.

«Les intrigants et les faiseurs d'émeutes qui, semblables aux araignées dans leurs toiles, sont à l'affût de citoyens peu intelligents pour les détourner de la République. On les rencontre principalement dans les Sections.

«Les insouciants et les coquins qui n'ont pas assisté aux assemblées primaires, lorsque le peuple accepta la nouvelle et excellente Constitution.»

---

24 OCTOBRE 1793.

Aux habitants du département du Bas-Rhin [1].

«Citoyens! Il faut que les assignats soient respectés, ou que le peuple périsse! Il faut que la loi sur la taxe soit exécutée, ou que la République succombe! Vous ne voulez pas que la République succombe; vous voulez donc que la loi s'exécute. L'armée révolutionnaire est sur pied, le glaive exterminateur est suspendu sur la tête de l'agioteur et de l'égoïste. Que les boutiques s'ouvrent, que le commerce ne soit point entravé, que les denrées refluent sur les marchés, que la taxe soit strictement observée! Quiconque s'obstine à sacrifier le peuple à son intérêt personnel, tombera sous le glaive de la loi.

«Fait à Strasbourg, le 3me jour du 2me mois de la 2me année de la République une et indivisible.

«Le Commissaire civil près l'armée révolutionnaire des départements du Rhin et de la Moselle,   *Euloge Schneider.*»

---

24 OCTOBRE 1793.

Parole amicale adressée aux Représentants, par E. Schneider [2]. 5 p.

C'est, suivant l'assurance d'un biographe de Schneider [3], sur les instances du Maire Monet, auprès duquel les Représentants avaient fait des réclamations contre les articles de l'*Argos*, que Schneider avait inséré celui-ci.

«Je vous ai depuis observé de près,» dit Schneider, «et j'ai trouvé que vous n'êtes cependant point si méchants qu'il paraissait au commencement. Vous avez sans doute de la bonne volonté et cela veut déjà dire beaucoup. Vous aviez fait commettre des fautes soit involontairement soit par précipitation, et cela était presque immanquable dans une charge si

---

1 Affiche.

2 *Argos,* t. III, p. 393.

3 *Schneider's Schicksale in Frankreich,* p. 128.

étendue et si difficile. Il faut convenir que vos moindres précipitations peuvent avoir souvent des suites funestes, parce que le sort de plusieurs millions en dépend; mais vous êtes des hommes, et l'homme raisonnable, tout en demandant inflexiblement que vous remplissiez vos devoirs, ne prétendra point que vous deviez être infaillibles. »

Après avoir donné différents conseils aux Représentants, Schneider termine son article en leur disant :

«Ne prenez plus de repos, avant que les hordes d'esclaves soient chassées du territoire de la liberté. Vous venez de nommer un Général en chef, eh bien, commencez par donner l'exemple d'une confiance raisonnable et ne vous mêlez pas de ses affaires....

«Représentants, vos devoirs sont bien grands, mais aussi quelle divine reconnaissance vous attend ! Réunissez-vous aux assemblées populaires et la République est sauvée ! »

26 OCTOBRE 1793.

Quelques mots sur les vivres, par E. Schneider [1]. 6 p.

L'auteur propose dans cet article de faire décréter par la Convention que toute la récolte des grains soit déclarée propriété de la nation.

28 OCTOBRE 1793.

La loi suprême, par E. Schneider [2]. 5 p.

L'auteur cherche à prouver que la loi suprême est le salut du peuple et que rien ne doit être ménagé pour lui obéir. Il prouve que la vertu du Républicain consiste, si la patrie l'exige, à ne reculer devant aucun sacrifice. Il termine en disant :

«Les émigrés, les rebelles, les hommes suspects, les modérés, les fanatiques, les négociants soumis au maximum, crient à tue-tête contre les mesures sages qui sauvent le peuple. Mais ils crient en vain. »

---

1 *Argos*, t. III, p. 401.

2 *Id.*, p. 409.

28 OCTOBRE 1793.

Ainsi répond un honnête homme, par E. Schneider [1]. 1 p.

Réponse à une calomnie répandue contre Schneider au sujet de son journal : «L'*Argos,*» dit-il, «n'est pas à la solde des valets des despotes, ses patrons sont la vérité et la justice, sa récompense ne consiste point dans de l'or, mais dans la sérénité que donne une bonne conscience. Quoi que l'on fasse contre les Administrateurs, le citoyen Schneider remplira infailliblement son devoir et sans dévier d'un pas il attend la mort à son poste.»

---

31 OCTOBRE 1793.

La grande danse des ours, par E. Schneider [2]. 6 p.

«Notre bonne ville de Strasbourg,» dit Schneider, «a fait, depuis les derniers temps, beaucoup d'expériences et s'est vue obligée de secouer un grand nombre de préjugés.»

Il ridiculise les angoisses des riches, des négociants, des brasseurs, des marchands de vin etc., taxés de sommes exorbitantes par l'arrêté des Représentants du peuple St-Just et Lebas daté du 10me jour du 2me mois de l'an II et relatif à l'emprunt de neuf millions [3].

---

2 NOVEMBRE 1793.

Correspondance secrète entre la Cathédrale de Fribourg, en Brisgau, et la Cathédrale de Strasbourg, par E. Schneider [4]. 4 p.

Lettre de la Cathédrale de Fribourg adressée à celle de Strasbourg.

«Très-vénérable Madame la Cathédrale,

«Votre Révérence vient de bourdonner pendant trois fois 24 heures, de manière à faire frissonner le cœur. Mes fondements en furent ébranlés et ma couronne trembla. Jamais je n'ai entendu quelque chose de pareil

---

1 *Argos,* t. III, p. 415.
2 *Id.,* p. 417.
3 Voir Livre bleu I, p. 10.
4 *Argos,* t. III, p. 425.

et il y a pourtant déjà quelques siècles que je puis dire aux montagnes de la Forêt noire : Regardez, moi aussi je suis là ! Je pense donc que quelque chose de bien intéressant est arrivé, sans cela ma très-vénérable sœur n'eût pas bourdonné d'une manière si effroyable. Il est très-probable, ou que Sa Majesté le Roi très-chrétien lui a fait sa visite, ou que le Saint-Père lui-même a confirmé dans son chœur, ou que les protestants et les juifs se sont convertis enfin à la religion catholique, apostolique et romaine, hors de laquelle il n'y a plus de salut ; ou bien n'y aurait-il plus d'accapareurs de grains à Strasbourg, ... ou, ou, ou, silence ! En ce moment quelques boulets de 24 tirés du bastion du Rhin me font entendre le mot de RÉVOLUTION ; je tombe en défaillance, ah très-vénérable, très-révérée Cathédrale, pourquoi, ah pourquoi avez-vous bourdonné si terriblement ?

« Votre très-soumise servante,

« *La Cathédrale de Fribourg.* »

Réponse de la Cathédrale de Strasbourg.

« Citoyenne Cathédrale !

« J'ai bourdonné parce que je suis une Républicaine et tu ne m'as pas comprise parce que tu n'es qu'une esclave. Voilà ma réponse à tes singulières questions : Le Roi très-chrétien n'a plus de tête ; le Saint-Père plus de mains ; non seulement les protestants et les juifs, mais toutes les sectes en général, se sont convertis à la vraie croyance, hors de laquelle il n'y a point de salut, à celle des droits de l'homme et du citoyen ; nous avons découvert un bon remède contre les accapareurs des grains, c'est la guillotine. . . .

« Voilà, chère citoyenne Cathédrale, mes réponses à tes nombreux *ou* ; mais il me reste encore à te dire pourquoi j'ai bourdonné si terriblement. J'ai sonné le glas funèbre des despotes et de leurs champions ; j'ai averti un peuple libre d'user maintenant de toutes ses forces ; jusqu'à présent il ne fit que menacer sans battre ; aujourd'hui il ne menacera plus, mais il brisera et renversera. Enfin j'ai annoncé notre Révolution à nos voisins les Allemands ; si je recommence à bourdonner, le monde entier tremblera. Je te conjure, ma sœur, par les mânes du grand Erwin qui tout-puissant nous créa l'une et l'autre, laisse aussi entendre ta voix de tonnerre et fais l'appel aux nations de l'Allemagne ; l'heure est venue ; pourquoi ont-ils tardé si longtemps ?

« Ta sœur,

« *La Cathédrale de Strasbourg.* »

9 NOVEMBRE 1793.

Est-il possible que les ecclésiastiques puissent devenir sensés ? par E. Schneider [1]. 4 p.

« Ah ! » dit l'auteur, « ils y seront bien forcés, quand la loi dira un jour : Tout travail inutile, toute jonglerie est prohibée dans la République ; elle ne connaît que la vérité et rien que la vérité ! Il faut que les indolents propagateurs de préjugés disparaissent ; ils seront remplacés par des hommes chargés d'enseigner la vérité éternelle. C'est sans doute un grand pas ; mais ce qui paraîtrait sur tout le globe un phénomène inexplicable n'est parmi nous autres Français qu'un hasard, ou plutôt une conséquence toute simple des opérations qui ont précédé ce changement. Notre Révolution fut l'étincelle qui a fait sauter en l'air tous les préjugés. Lorsqu'il fut décrété que la noblesse est une folie, il s'en suivit naturellement que le joug ecclésiastique tomberait avec elle. »

———

12 NOVEMBRE 1793.

Lettre adressée aux citoyens Gerst et Wetzel, Commissaires à l'armée révolutionnaire, par E. Schneider.

« GUERRE AUX ACCAPAREURS, AUX MODÉRÉS, AUX TRAÎTRES.

« Strasbourg, le 22 brumaire, l'an 2 de la République française, une et indivisible.

« J'approuve toutes vos mesures. Si dans ma dernière lettre j'ai désiré que les biens de ceux qui se sont soustraits aux arrestations soient inventoriés, il ne fallait y comprendre que les immeubles. Les grains, bestiaux, fourrages etc. doivent incessamment être transportés à Strasbourg. Vous pouvez lever provisoirement l'emprunt de 100,000 livres contre quittance ; mais en même temps répartir et lever de pareils emprunts sur tous les riches paysans. L'épouse de Fischer peut rester en liberté. Continuez toujours, mais surtout ne ménagez pas les femmes contre lesquelles il y a des dépositions.   *Euloge Schneider* [2]. »

———

————————————

[1] *Argos*, t. III, p. 449.

[2] L'éditeur du *Livre bleu*, André Ulrich, qui publie cette lettre dans son Recueil, l'a accompagnée de la note suivante :

« Cette lettre a été écrite à la demande faite par le citoyen Gerst, s'il

17 NOVEMBRE 1793.

La grande journée préparative, par E. Schneider [1]. 5 p.

L'auteur fait la description de cette journée en ces termes :

«Septidi, le 27 brumaire, le Conseil municipal fut convoqué au son du tocsin. Il s'assembla à 4 heures du soir dans la belle salle de l'Hôtel-de-ville [2]. On voulut célébrer une fête comme Strasbourg n'en a jamais vue. La raison devait être proclamée en ses droits et le fanatisme devait être chassé. Huit montagnards étaient arrivés des Sociétés populaires de Châlons-sur-Saône, de Metz, de Besançon etc. pour enflammer par leurs discours l'enthousiasme de leurs auditeurs. Bras sous bras nous nous rendîmes de l'Hôtel-de-ville à la ci-devant Cathédrale, sous les voûtes de laquelle régnait une obscurité solennelle que ne tempéraient que quelques lumières. L'hymne «*Amour sacré de la patrie*» fut entonné avec entrain. Alors le Maire Monet monta en chaire et annonça la mort du cléricat et l'avénement de la nouvelle ère de la raison et de la liberté ; après lui les députés des Sociétés populaires [3] annoncèrent, en apôtres, au peuple assemblé l'œuvre de leur mission. On avertit qu'au prochain décadi la fête de la raison serait célébrée, et que Strasbourg se montrerait dans toute sa dignité, afin de briser et d'anéantir la superstition et l'aveuglement des âmes. D'innombrables auditeurs le promirent par serment et pour la première fois les voûtes de l'antique Cathédrale retentirent de la voix de la pure raison.

«Le cortége se rendit alors au club, où une citoyenne après l'autre se rendit au bureau du Président pour déposer une offrande sur l'autel de la Nation. Ce fut avec joie qu'elles se débarrassèrent de leur or et de leur argent, car en véritables Républicaines elles ne veulent plus se parer d'autres bijoux que de la vertu et d'un aimable patriotisme [4]. De vieilles

---

devait recevoir une somme de 10,000 livres qu'avait offerte la femme du citoyen Apprederis, ci-devant greffier de bailliage, pour se soustraire à l'arrestation. Et c'est en vertu de cette seule lettre que Gerst et Wetzel ont levé à leur guise une somme de plus de cent mille francs et auraient pu lever des millions.»

1 *Argos*, t. III, p. 481.

2 Avant la Révolution le palais épiscopal et aujourd'hui le palais impérial.

3 Connus sous le nom de Propagandistes.

4 «En d'autres termes,» dit un auteur contemporain, «elles remplacèrent leurs bonnets strasbourgeois d'or ou d'argent (*Schneppenhauben*) par des bonnets phrygiens en laine rouge.»

matrônes ainsi que des enfants suivirent leur exemple [1]. Les frères des Sociétés populaires éloignées montèrent à la tribune et prononcèrent des discours chaleureux qui portèrent l'enthousiasme à son comble. Les Prussiens et les Autrichiens furent battus au club des jacobins par les hommes, les femmes, les jeunes gens et les filles, car tous jurèrent la mort aux tyrans et ce serment ne peut être ébranlé ni par les hordes des esclaves, ni par le tonnerre des canons.

«Ce qui me déplut à cette fête, ce fut que des hommes connus comme Feuillants montèrent ensuite à la tribune et parlèrent aussi de fraternité et de liberté.... Mais je continue de dire : «Que chacun qui ne veut pas rendre hommage à la vérité fasse une génuflexion devant la guillotine.»

«Mais vous, les élus, vous, honnêtes Sans-culottes et Sans-culottines, gardez dans vos cœurs purs ce qui est sorti si chaleureusement de l'âme des orateurs patriotiques. Que le souvenir de ce jour soit ineffaçable pour vous, car vous avez montré alors une force inconnue jusqu'ici à tous les peuples et à tous les siècles [2].»

———

20 NOVEMBRE 1793.

Le saint décadi [3], par E. Schneider [4]. 5 p.

«Le jour,» dit Schneider, «que les bons citoyens ont désiré si ardemment est arrivé. Jamais jour plus sacré ne fut célébré. Un peuple nouveau-né vient d'adopter solennellement par la force de sa souveraineté la seule religion qui convient à des êtres raisonnables, la religion naturelle. La Révolution s'est montrée dans toute sa splendeur, et sur tout ce qui vit et sur tout ce qui vivra, les paroles sacramentelles seront prononcées : *«Soyez raisonnables et vous serez heureux!»* Il n'y a que la vérité qui

———

1 Une assez bonne gravure portant cette suscription : «Holocauste des cœffures germaniques au Temple sacré des Prêtres Jacobins» représente cette scène des offrandes au club des Jacobins.

2 Voir sur cette cérémonie : Procès-verbal de l'assemblée générale des Autorités constituées, de la Société populaire et du Peuple de Strasbourg et des membres des Sociétés populaires des départements voisins, réunis au Temple de la Raison, le 27me jour (du 2me mois) de l'an 2 de la République une et indivisible. Strasbourg, P. J. Dannbach. 8 p. in-8º.

3 Le décadi, ou le dixième jour de la semaine républicaine, remplaçait le dimanche du calendrier chrétien.

4 *Argos*, t. III, p. 489.

est sauvée, les jongleries des prêtres sont bannies de la République française. La chute du trône a fait tomber les chaînes de nos bras ; la chute des idôles a brisé les chaînes de nos âmes....

«Un voyageur allemand qui viendrait un jour à Strasbourg et qui demanderait : Où est la Cathédrale? chacun lui répondrait : Nous ne connaissons point de Cathédrale, point de Fondation de St-Thomas, nous ne connaissons plus rien que le Temple de la Raison et la Société populaire. S'il demandait : Où demeure Monseigneur l'Évêque? où loge Monsieur le pasteur? on lui dirait : Nous ne connaissons point ces êtres-là, mais avez-vous envie de faire la connaissance des instituteurs du peuple, venez, nous vous montrerons une douzaine de braves sans-culottes. Et je parie, si le voyageur était Jésus-Christ ou Martin Luther, il verserait des larmes de joie et s'écrierait : «C'est là ce que nous avons désiré, c'est ainsi que cela doit être.»

«Avant-hier, décadi le 20 brumaire, le Temple de la Raison a été consacré solennellement. Au son de toutes les cloches une procession à perte de vue de frères se mit en mouvement vers la ci-devant Cathédrale et tout Strasbourg se réconfortait de nouvelle force et de nouvelle grandeur. Ce fut le triomphe de notre dignité humaine, ce fut la sublime célébration d'une nouvelle création. Des enfants et des vieillards se réjouissaient parce que c'était la force de la saine raison qui émouvait leurs cœurs ; ils disaient pour la première fois : Deux fois deux font quatre et non vingt ; qui nous dit le premier, est notre homme ; mais nous instruirons ou nous étoufferons celui qui nous dit le second.

«Les jongleries, qui peu de jours auparavant avaient encore profané cet édifice respectable, avaient disparu du Temple de la Raison. A la place où jadis des essaims de prêtres hurlaient d'une manière insensée, se trouvait maintenant un tableau où la liberté, de ses mains d'athlète, brisait tous les nombreux objets de la superstition et de la friponnerie, afin que la bonne mère, la nature, fût réintégrée en ses droits et qu'elle puisse répandre ses bienfaits. Le soi-disant Saint-Esprit sur la chaire avait disparu, parce que assez longtemps déjà il a inspiré le plus grossier non-sens et de véritables blasphèmes. Tout le grand et majestueux temple était rempli de citoyens libres, qui, versant des larmes de joie et de reconnaissance, reçurent dans leurs cœurs ce qui jaillissait du cœur des orateurs.

«Une musique des plus mélodieuses disposait les auditeurs en faveur de la vérité et de la raison ;.... mais je l'avoue franchement que jamais je n'ai entendu une musique plus agréable, que celle de la voix de ci-devant prêtres catholiques, qui abjurèrent au Temple de la Raison l'état de prêtres et qui se réjouirent de devenir des hommes. Cette scène fut renouvelée à plusieurs reprises et rehaussée par le chant d'hymnes républicains. Mais les prêtres luthériens urbains se montrèrent tout autrement ; les grands animaux ne sont pas venus et les petits ont débité tant de bêtises que les auditeurs les chassèrent de la tribune. Si Luther eût vu cela, grand Dieu qu'il eût eu honte, comme il eût tonné !

«Le soir il y eut Société populaire, où des hommes de talent et de connaissances instruisirent le peuple dans le nouvel ordre des choses. Les idées se pressaient, la clarté se fit jour, le peuple apprit à connaître la religion naturelle dans toute sa dignité et le système des prêtres dans toute sa laideur. Cette belle scène fut rehaussée encore par l'honorable aveu de quelques ecclésiastiques protestants (NB. point luthériens), déclarant qu'ils aiment avec cordialité la religion de la raison et qu'ils détestent inexorablement les menées des prêtres, seraient-ils catholiques, talmudiques ou luthériens.

«† L'évêque Brendel remit ses papiers pour les brûler ; mais quant aux extravagances qui remplissent sa tête on ne saurait les lui faire passer que par un changement d'air.

«Vers la nuit la ville fut illuminée, ainsi que la guillotine sur la Place d'Armes, autour de laquelle on dansait la Carmagnole. Mainte personne aura gémi : Oh, chère guillotine, quel bien tu fais ! Tu as rendu sage celui qui sans toi, sa vie durant, serait resté un imbécile [1] !»

---

[1] Voir : Description de la fête de la Raison célébrée pour la première fois à Strasbourg, le jour de la 3me décade de Brumaire de l'an 2 de la République une, indivisible et démocratique. Strasbourg, P. J. Dannbach. 16 p. in-8°.

Dans cette Description se trouve p. 9 le passage suivant :

«L'Accusateur public (E. Schneider) après avoir fait sentir le ridicule de toutes les religions qui se disent révélées, adressa ces paroles à l'assemblée : «Peuple, voici en trois mots toute ta religion : adore un Dieu, sois juste, et chéris ta patrie.» Il donna quelques développements de ces principes de la morale universelle et finit par abdiquer l'état de prêtre qu'il embrassa par séduction et comme victime de l'erreur.

«Ce discours fut souvent interrompu par des applaudissements et des cris : *Vive la vérité*, vive la raison.»

En comparant cette Description officielle publiée dans les deux langues par le Maire Monet, nous trouvons que Schneider a omis dans son Décadi de parler de plusieurs faits qui ont eu lieu alors et que Schneider ne paraît pas avoir approuvés. Nous ne citerons que les deux suivants, qui se trouvent p. 9 de la Description :

«On brûla ensuite devant l'autel de la Raison des ossements de saints

27 NOVEMBRE 1793.

Ordre de E. Schneider.

«GUERRE AUX ACCAPAREURS, AUX MODÉRÉS, AUX TRAÎTRES.

«Euloge Schneider, Commissaire civil à l'armée révolutionnaire, mande et ordonne à tout gendarme, ou exécuteur de mandements de justice, de conduire à la maison du Séminaire de Strasbourg quatre hommes et une femme.

«Tout fonctionnaire public, civil et militaire, est requis de lui prêter main-forte pour l'exécution du présent.

«Fait à Strasbourg, le 7 frimaire, l'an second de la République une et indivisible.

«Par ordre du Tribunal, *Weis*, secrétaire-greffier.

«Pour copie conforme à l'original, *Christmann*, secrétaire.»

—

7 DÉCEMBRE 1793.

Lettre adressée au Comité de sûreté publique de la Convention nationale, par E. Schneider [1]. 7 p.

Quelques jours avant son arrestation, Schneider reçut l'ordre des Représentants St-Just et Lebas de rendre compte au Comité de la sûreté publique de la Convention nationale de sa gestion comme Commissaire

———

béatifiés par la cour de Rome et quelques parchemins gothiques, qui renfermaient des bulles d'indulgence.

«Le peuple, après une séance de 3 heures, sortit de l'enceinte sacrée, où il venait d'exprimer ses vœux religieux sans hypocrisie et sans ostentation, pour se rendre sur la place de la Responsabilité [2]. On y avait allumé un bûcher qui consumait, au milieu des cris d'allégresse, les sottises écrites par la folie humaine. Quinze chariots de vieux titres furent livrés aux flammes, l'effigie des despotes et des tyrans ecclésiastiques, qui en particulier avaient régné dans la ville de Strasbourg, purifièrent par cet autodafé une atmosphère qu'ils avaient souillée pendant leur vie.»

Schneider ne fait point non plus mention d'un discours prononcé dans le Temple de la Raison par le citoyen Boy, qui a été imprimé et qui porte pour devise: «Point de grâce aux fripons, aux aristocrates, aux intrigants et aux modérés. S'ils sont connus, la fille de Guillotin leur tend les bras; nous le demandons, nous le voulons.»

1 *Argos*, t. III, p. 577.
2 Autrefois Place de l'Évêché et aujourd'hui Place du Château.

civil et d'y joindre toutes les pièces y ayant rapport. Schneider répondit par la lettre suivante :

«Strasbourg, le 17 frimaire II.

«Je me hâte, citoyens Représentants, de vous envoyer des copies de tous les jugements prononcés par la Commission révolutionnaire, instituée par vos collègues Lacoste et Mallarmé.

«J'ai déjà envoyé copie de ces pièces au Président de la Convention, mais comme cet objet est de la compétence particulière de votre Comité et pour répondre à l'ordre que m'ont adressé à ce sujet les dignes montagnards St-Just et Lebas, je saisis le premier moment de mon retour de la campagne, pour vous soumettre le résultat de nos opérations.

«J'eusse désiré aussi d'avoir été à même de vous envoyer à la fois les procès-verbaux et autres pièces relatifs aux jugements, mais ils sont presque tous écrits en allemand ; je les ferai traduire, cela demande du temps ; cependant les mesures sont prises et vous les recevrez au plus tôt possible.

«Il sera immanquable de trouver des calomniateurs de jugements aussi sévères. Sans entrer dans les détails, je crois de mon devoir de vous soumettre les principes qui ont guidé les Commissaires, ainsi que les heureux résultats qu'ils ont produits. Sans aucun doute le département du Bas-Rhin fut un des plus entachés de fanatisme, de feuillantisme et principalement d'agiotage. La perte sur les assignats a atteint le plus haut degré, les lois ordinaires existantes pour remédier à ce mal, ne furent point appliquées, les jurés au tribunal criminel étaient ou trop indulgents ou prenaient eux-mêmes part à ce crime. A la campagne, les juges de paix et les officiers municipaux toléraient sans la punir la dépréciation de la monnaie nationale. A l'irruption de l'ennemi les fanatiques levèrent fièrement leurs têtes, des scélérats soudoyés, des émigrants et des princes allemands entretinrent une correspondance coupable et cherchèrent à préparer les esprits à la contrerévolution.

«Ce fut à cette époque que l'on me nomma Commissaire près de l'armée révolutionnaire, armée qui au fond n'a jamais existé ; mais son nom seul a répandu une frayeur salutaire parmi les contrerévolutionnaires. Des détachements militaires faisaient des promenades révolutionnaires, et cela figurait l'armée révolutionnaire, sans mettre la République en frais extraordinaires. Strasbourg était depuis les temps les plus reculés la source de la corruption, le siége de l'agiotage ; ce fut à cet effet que je m'efforçai de rendre les riches négociants de cette ville obéissants à la loi.

«La Commission, ainsi que vous le verrez par les jugements, a agi avec sévérité et énergie contre ces sangsues du peuple ; elle a touché leur côté faible en leur imposant d'énormes sommes d'argent et en les exposant au carcan. C'est à l'aide de ces mesures sévères qu'en moins de trois semaines nous avons fait remonter la valeur des assignats à celle de la monnaie de métal.

«Représentants, ces mesures ont contribué fortement à sauver l'armée, qui, au moment où la Commission fut instituée, se trouvait presqu'entièrement dissoute.

«Il est prouvé que la plus grande partie de nos revers fut l'effet de la dépréciation des assignats dans les départements du Rhin; le soldat, prêt à verser chaque jour son sang pour la patrie, ne trouva rien, absolument rien, pour l'argent que la République lui paya.

«Je sens moi-même que cela doit produire du mécontentement, de l'abattement, du découragement et l'indiscipline. Ces maux n'existent plus, le soldat est bien nourri et il se bat bien.

«Un autre objet qui nous tint à cœur, ce furent les réquisitions pour l'approvisionnement de l'armée. Les campagnards fanatiques cherchèrent à les empêcher ou à les anéantir, et des Administrateurs publics, dont le devoir est de faire exécuter les ordres relatifs à la réquisition, favorisaient leur audace, en ne livrant point au glaive de la justice ces malfaiteurs, et en faisant des rapports diamétralement opposés aux pouvoirs constitués.

«Un certain Tisserand, Procureur-syndic du District de Strasbourg, se trouvait parmi ce nombre : connu depuis longtemps par sa liaison avec les riches aristocrates, par sa démission de la Société populaire dans les moments les plus critiques, par son indulgence envers le ci-devant Directoire du District, dont il ne dénonça jamais les menées contrerévolutionnaires, généralement regardé comme un homme vénal; la Commission l'a condamné à la privation du droit de citoyen et à l'emprisonnement jusqu'à la paix. Je n'ignore point que ce jugement a déplu à quelques personnes à qui les localités, les personnes et la cause elle-même est inconnue; mais qu'importe! La Commission a donné un exemple salutaire et cela suffit pour tranquilliser sa conscience.

«La Commission a prononcé l'arrêt de mort contre plusieurs agents de princes allemands et contre les meneurs et chefs de fanatiques à la campagne. Elle s'occupe maintenant de parcourir le département pour découvrir les correspondants des émigrés. Hier elle a fait guillotiner un juge de paix [1], agent des émigrés dans les environs d'Obernai, une commune abominable qui mériterait d'être déportée en entier.

---

[1] Xavier Doss, d'Obernai. Livre bleu, Supplément p. 32.

«Citoyens Législateurs, en acceptant la place de Commissaire civil je vis devant moi deux écueils : l'écueil de la calomnie si j'agissais sévèrement, et l'écueil du crime, si je me laissais influencer par des considérations d'humanité. Je fus décidé bien vite et jusqu'à présent mes efforts ne furent point inutiles ; *les sans-culottes ont du pain et le peuple bénit la guillotine qui l'a sauvé !* Que ma tête roule sur l'échafaud, après que les têtes de tous les traîtres seront tombées.

«Tels sont, Représentants du peuple souverain, mes principes, tels sont les principes des juges sans-culottes de la Commission. Puissent ces mesures révolutionnaires, nécessaires aux temps actuels, que j'ai soutenues par mon courage et mon abandon pour le bien de la République, raffermir le règne des lois.

«Ce sont des ouragans qui doivent purifier l'air et qui doivent cesser du moment que l'air est purifié.

«Agréez l'assurance de mon attachement sincère à la République une et indivisible et à tous les braves hommes qui travaillent à son affermissement.   *Euloge Schneider,*

«Commissaire civil à l'armée révolutionnaire.»

PIÈCES ET LETTRES DIVERSES

A L'ARRESTATION ET A LA CONDAMNATION DE E. SCHNEIDER.

---

14 DÉCEMBRE 1793.

Arrêté relatif à l'arrestation de E. Schneider [1].

«Les Représentants du peuple, envoyés extraordinairement aux armées du Rhin et de la Moselle, informés que Schneider, Accusateur près le tribunal révolutionnaire, ci-devant prêtre et né sujet de l'empereur, s'est présenté aujourd'hui dans Strasbourg avec un faste insolent, traîné par six chevaux et environné de gardes, le sabre nu :

«Arrêtent que le dit Schneider sera exposé demain depuis dix heures du matin, jusqu'à deux heures après-midi, sur l'échafaud de la guillotine à la vue du peuple, pour expier l'insulte faite aux mœurs de la République naissante; et sera ensuite conduit, de brigade en brigade, au Comité de salut public de la Convention nationale.

«Le Commandant de la place est chargé de l'exécution du présent arrêté, et en rendra compte demain à trois heures après-midi.

«A Strasbourg, vingt-quatrième frimaire, l'an 2me de la République française, une et indivisible.   *Lebas, Saint-Just.*

«Le Général de division commandant celle de Strasbourg, *Dièche.*»

---

[1] Jean-Daniel Wolff raconte dans son ouvrage sur les *époques les plus importantes de la Révolution du Bas-Rhin sous le triumvirat des tyrans Robespierre, St-Just et Couthon*, le fait suivant : «L'Accusateur public du tribunal révolutionnaire militaire fut demandé par St-Just ce qu'il pensait de l'exposition de Schneider; celui-ci répondit que tout le monde, à l'exception de Schneider, avait le droit d'en être mécontent. St-Just lui répliqua en riant : «C'est la vérité, car si Schneider nous échappait, nous risquerions d'être fusillés.» Ce qui prouve,» ajoute l'auteur, «que Schneider devait périr, fut-il innocent ou coupable.»

14 DÉCEMBRE 1793.

Aveu d'un cœur tranquille et pur qui ne craint rien et qui n'espère rien, par Butenschœn [1].

«Le 23 frimaire (15 décembre), à 1 heure après-midi, le citoyen Schneider revint de Barr, où des affaires révolutionnaires l'avaient appelé. Il y a rempli ses devoirs comme fonctionnaire public et puni les ennemis de la patrie d'après la loi. Son devoir comme citoyen lui fut également sacré : il s'unit avec une fille honnête et vertueuse. Partout où il vint cette nouvelle fut apprise avec joie. Chacun admira la physionomie douce et innocente de cette fille, et chaque patriote fut enchanté de ce choix. Schneider aurait eu des principes assez républicains pour se rendre à pied à Strasbourg; mais le mauvais temps, la société, composée de membres du tribunal révolutionnaire, de sa jeune femme et de ses parents, l'engagèrent à prendre une voiture, à laquelle il avait du reste droit comme fonctionnaire public et comme citoyen. Les règlements de la poste aux chevaux, huit personnes dans une diligence, quand le temps est mauvais, exigent, pour le moins, six chevaux. En route des gardes nationaux à cheval se joignirent volontairement, comme escorte, à la voiture, non pour la protéger, mais seulement pour lui rendre les honneurs en usage dans le pays. On entra à Strasbourg ; la garde, ayant aperçu le détachement de cavaliers, prit les armes, et ceux-ci, pour saluer la garde, tirèrent leurs sabres. J'ignore s'ils avaient déjà tiré leurs sabres avant, et ce n'est que par étourderie sans doute qu'ils ne les ont plus replacés dans le fourreau. Si Schneider leur a commandé de l'entourer de cette pompe, il est criminel et mérite d'être puni.

«Schneider entra dans son logement avec un visage serein, en homme qui croyait avoir rempli ses devoirs, et assura à sa sœur, honnête et modeste personne, qu'il ne l'aimait pas moins par la raison qu'il ne lui avait mandé son alliance avec la citoyenne Stamm, qu'après l'avoir conclue. Des âmes simples et *sans-culottes* se réconcilient bien vite, quand des malentendus les ont séparées. L'on se mit à table, on n'aperçut que des visages sereins, que des cœurs purs ; car si je m'étais trompé cette fois-ci, je serais en droit de mépriser les hommes et tout ce qui leur ressemble. Le bien de la République fut, comme de coutume, le sujet de la conversation à table ; l'entretien était égayé par des bons mots qui ne se plaisent que dans la bouche de l'honnête homme. Si je m'étais trompé ici, j'aurais en horreur et je maudirais tout ce qui s'appelle homme et tout ce qui lui ressemble. Mes occupations m'appelèrent à mon poste et je quittai la maison où j'avais trouvé uni des sentiments doux et aimables à l'attachement le plus ferme au bonheur de la République française et de l'humanité entière....

«Mes occupations à l'Hôtel-de-ville terminées, je me rendis au club. Il y régnait beaucoup d'amertume, à la place de l'ardent amour pour la République et pour l'humanité auquel je m'attendais et que j'y avais précédemment tant de fois trouvé. Cependant des frères peuvent se tromper, mais ils font bientôt la paix et c'est la patrie qui les réconcilie.

«Le soir et la nuit se passèrent; à 9 heures du matin je me rendis de nouveau à mon poste à l'Hôtel-de-ville. On me dit: Schneider est arrêté; mon cœur ne battait pas plus fort, car j'étais fermement convaincu qu'un honnête homme n'a rien à craindre même si on l'arrêtait mille fois; l'or reste de l'or, que je le cache sous des perles ou que je le jette au fumier.

«Je continuais tranquillement de vaquer à mes affaires, lorsque je reçus le billet suivant:

«Frère!

«Rends-toi de suite chez la sœur de Schneider, elle se trouve dans une triste situation. *Weiss.*»

«Ce fut à 1 heure que je quittai l'Hôtel-de-ville pour me rendre chez la sœur de Schneider. Chemin faisant je rencontre quelques bons citoyens ayant l'air consterné et les larmes aux yeux. Ils me dirent: Schneider est exposé sous la guillotine! — Je les quittai brusquement et me rendis à la Place d'Armes, décidé à percer la foule et à me placer à côté de mon ami, car mon cœur me disait: Si Schneider est criminel, toute l'humanité est détestable et alors meurs, meurs! Cependant l'on me retint et je me ravisai en pensant qu'une pareille action pouvait faire plus de mal que de bien; je me rendis dans la demeure de mon malheureux ami et là je trouvai sa sœur étendue par terre dans d'affreuses convulsions et sa jeune femme tombée en défaillance et couchée sur le lit.

«Je demandai vainement la cause de la mise en jugement de mon ami, personne ne pouvait me la faire connaître. L'on me fit part d'une lettre qu'il avait écrite de sa prison; c'était l'expression d'une âme pure et honnête.

«Plusieurs témoins oculaires m'ont assuré que lorsque Schneider monta sur l'échafaud, l'on prépara le sac de la guillotine avec une rage diabolique, avec une barbarie infernale, et que l'on fit tous les préparatifs comme si le prisonnier devait être guillotiné. Et cependant il montait sur l'échafaud sans savoir ce que l'on ferait de lui. D'une voix émouvante il s'écria : Vive la République ! Je ne suis pas encore jugé ! Où est mon jugement ? —Et avec quel regard serein et libre il disait cela ! Vraiment, un coquin, un traître n'a pas un regard pareil, c'est celui d'un homme fier de sa bonne conscience ! — Et si je me suis trompé cette fois-ci, je veux me rendre dans le désert et le jour où je reverrai un visage humain un feu infernal doit consumer mon âme.»

<hr />

14 DÉCEMBRE 1793.

Lettre de Euloge Schneider à sa sœur [1].

«Le 24 frimaire, de la prison [2].

«Chère sœur, chère amie,

«Calmez-Vous ! Il faut que l'innocence remporte la victoire. Je me trouve parfaitement tranquille et j'ai bien dormi. Ayez la bonté de venir me voir encore ce matin. Il me faut plusieurs objets pour mon comfort : un peigne, du linge, une robe de nuit, des pantoufles, des souliers, des bas etc. Aussi des serviettes. Ne laisse déranger aucun papier, car un honnête homme doit tout faire voir. Si Tu veux venir me voir ne sois pas intimidée.

«Ma petite femme, ah ! la pauvre créature doit être emprisonnée. Mais cela ne durera cependant pas longtemps. Fais-lui savoir comment je vais et invite-la en mon nom de venir me voir.

«Ton fidèle frère, *Euloge Schneider*.»

<hr />

18 DÉCEMBRE 1793.

Lettre adressée à la citoyenne L. K.... à Strasbourg, par Euloge Schneider [3].

«D'Ormans, 26 lieues de Paris, le 26 frimaire II, à 8 heures du soir.

«Chère amie,

«Plein de confiance je me jette dans Tes bras, pour implorer Ton secours dans la situation la plus cruelle. Ne sachant point ce qu'est devenue ma sœur et n'ayant pu lui écrire en allemand, quoiqu'elle ne connaisse

<hr />

1 *Argos,* t. III, p. 588.
2 La prison militaire des Ponts-couverts à Strasbourg.
3 *Argos,* t. IV, p. 21.

que cette langue, je Te prie, sensible amie, de prendre avec ma sœur des mesures de me faire passer de l'argent. Je suis parti de Strasbourg sans linge, sans habits et sans argent. Non, jamais mortel fut frappé par le malheur comme moi. Je ne Te dirai rien de mon innocence. Tu connais ma manière de penser et d'agir. Tu sais que je suis incapable d'aucune action basse et blâmable.

«Donne-moi, je T'en conjure, des nouvelles de ma malheureuse femme, de ma sœur, de mon cher Jung, ainsi que de tous nos autres amis. Je T'avoue que je tremble pour eux. La cabale, dont je suis devenu la victime, les menace aussi. Ma cause est la cause de tous les patriotes. Si je succombe, ils succomberont avec moi. Seront-ils sauvés, je trouverai de la justice. Oui, j'espère la trouver, j'espère que la Convention nationale réintégrera un citoyen qui ne vécut que pour le bonheur de sa nouvelle patrie. Demain j'arriverai à Paris. Mon sort tombera comme il voudra, je T'estimerai jusqu'à mon dernier soupir. Embrasse tendrement Ton mari, Ton père, Ta sœur et nos amis. Ah! pourrais-Tu consoler la plus malheureuse de Ton sexe, ma pauvre petite femme? Adieu. *Euloge Schneider.* »

---

18 DÉCEMBRE 1793.

Lettre adressée aux Représentants du peuple, par Marie Schneider [1].

«Strasbourg, le 28 frimaire II.

«Citoyen Représentant,

«La sœur profondément éplorée du malheureux Schneider se présente devant Toi. Tu es Représentant d'un peuple juste et noble. Si mon frère est innocent, défends-le, c'est Ton devoir ; serait-il tombé dans l'erreur, soutiens-le et ne le laisse point tomber, car Tu dois le savoir, ses intentions furent toujours bonnes et honnêtes ; est-il criminel, oh, permets alors que je le pleure. J'ai fait mon devoir comme sœur, fais le Tien comme Républicain ; moi je ne puis rien faire que pleurer, Toi Tu pourras agir. Vive la République! Vive la Constitution!

«*Marianne Schneider* [2]. »

---

[1] *Argos,* t. III, p. 59 ?.

[2] Le lendemain du jour où elle écrivit cette lettre Marie Schneider fut

21 décembre 1793.

Lettre adressée à la citoyenne K......, demeurant rue et maison des Prouvaires, à Paris, par E. Schneider [1].

«(Paris) de l'Abbaye, 1er nivose II.

«Chère amie,

«Que je suis heureux d'avoir trouvé en Toi une amie, un appui dans la position la plus affreuse. Hier j'ai été conduit au Comité de salut public, de là au Comité de sûreté générale, de là à l'Abbaye, où je me trouve en la même chambre avec Gimpel, chef de légion de Strasbourg, qui effectivement m'a rendu des services fraternels.

«N'abandonne pas, je T'en conjure, le plus malheureux des mortels. Tâche d'intéresser les patriotes du Bas-Rhin en ma faveur. Mon âme est pure; je ne crains rien; je crains seulement d'être oublié par le Comité de sûreté générale. Les scélérats qui ont trompé St-Just et Lebas feront l'impossible pour traîner mon affaire en long. J'espère que Tu écriras à Strasbourg à la citoyenne K...., au cas qu'elle ne T'écrive pas l'un de ces jours.

«En attendant Tu voudras bien m'envoyer les objets suivants, dont j'ai grand besoin, savoir : deux chemises, deux mouchoirs, un portefeuille grand avec du papier, des plumes etc.; du bon tabac à fumer et des pipes ou bien une bonne pipe durable; un couteau, des pains à cacheter, un canif et des ciseaux.

«Tu ne pourras entrer ici sans une permission expresse du Comité de sûreté générale. Je désire que Tu puisses l'obtenir, ou bien Ton mari. Tu voudras bien envoyer l'incluse à son adresse. Au cas que Jung ne se trouve point à Strasbourg, Ton beau-frère la fera remettre au citoyen Stahl, cafetier, rue du Jeu-des-enfants. Une prompte réponse. J'aurais aussi besoin de café et de sucre; j'en aurai de Strasbourg que je Te rendrai.

«Je T'embrasse avec Ta famille.   *Euloge Schneider.*»

————

mise en prison comme étrangère; elle y resta jusqu'après le 9 thermidor. Dépouillée de tout ce qu'elle avait possédé, elle fut réduite à la plus profonde misère et se vit forcée de retourner en Allemagne.

[1] Lettre autographe inédite.

23 DÉCEMBRE 1793.

Adresse aux Jacobins de Paris, par Euloge Schneider [1].

«(Paris) de l'Abbaye, le 3 nivose l'an 2 de la République une et indivisible.

«Aux Jacobins de Paris,

«Vous êtes la terreur des Aristocrates et des Modérés : mais Vous êtes aussi les défenseurs et les vengeurs des patriotes opprimés. Je suis Votre frère depuis quatre ans ; je souffre pour la cause de la liberté ; il est de Votre devoir de m'entendre. Je Vous dirai la vérité toute pure : écoutez-la.

«Mon existence depuis vingt ans n'est qu'une série de combats, de travaux et de souffrances pour la liberté religieuse et politique. Lorsque les Français renversèrent la Bastille, je célébrai leur courage sous les yeux d'une cour despote qui depuis ce moment-là n'a cessé de me vexer. J'étais alors professeur des belles-lettres à l'Université de Bonn. Le tyran voyant que malgré ses persécutions je continuai toujours à patriotiser la jeunesse du pays, m'a soumis à une procédure inquisitoriale. J'ai quitté l'Allemagne et j'ai cherché un asile en France. J'étais d'autant plus fondé à le trouver que l'Assemblée constituante avait, par des décrets solennels, appelé des prêtres étrangers pour remplacer ceux qui, par la suite d'une conspiration, avaient quitté les départements frontières où il fallait savoir les deux langues pour instruire le peuple.

«J'arrivai à Strasbourg vers le mois de juin 1791, j'y prêchai les principes de la révolution avec le plus grand succès. Je combattis le fanatisme, je fis des prosélytes à la raison et à la liberté. Je fus le premier à dénoncer le charlatanisme religieux, à damner le célibat ecclésiastique et à réduire la religion à la simple morale. Cela m'a valu bien des persécutions et des censures même des Tartuffes constitutionnels. Reçu membre de la Société des Jacobins, j'ai empêché de tout mon pouvoir la scission ou plutôt la destruction totale de cette Société ; je me suis constamment opposé aux manœuvres perfides de Victor Broglie et de Die-

---

1 Le manuscrit autographe de cette adresse, que je possède dans ma collection, doit sa conservation à un compositeur de l'imprimerie dans laquelle Schneider voulut la faire imprimer. Lorsque Robespierre apprit que cette adresse devait être imprimée, il fit briser la planche déjà composée ; mais le compositeur avait sauvé le manuscrit.

trich. Lorsque ce dernier a voulu royaliser la commune de Strasbourg et exciter la guerre civile pour empêcher la déchéance du tyran, j'ai été le seul, oui le seul membre du Conseil général qui osât le combattre et qui ne signât aucune de ses adresses incendiaires. Aussi j'ai risqué plusieurs fois d'être assassiné par le peuple qui était égaré par ses prestiges.

«J'ai fait plus : voyant que toutes les gazettes allemandes de Strasbourg exhalaient le poison le plus dangereux, j'ai résolu de sacrifier le reste de mes épargnes pour écrire et publier à mes frais un journal anti-royaliste qui devait contrebalancer ceux des feuillants et des contre-révolutionnaires. Ce journal parut au mois de juillet 1792, c'est-à-dire à l'époque où les patriotes de Strasbourg, réduits au nombre de 15 à 20, marchaient constamment au milieu des poignards. Mes premières feuilles ne parlèrent que de la déchéance et de la République. Pendant un an entier j'ai soutenu ce journal, quoique le nombre de mes abonnés ne montât qu'à 150. Mes opinions politiques étaient toujours celles de la Montagne et des Jacobins : on m'appela le Marat de Strasbourg et je m'en glorifiai.

«Lorsque les Représentants du Peuple Couturier et Dentzel régénéraient les autorités constituées de Strasbourg, ils m'ont, malgré mes réclamations, nommé Accusateur public du Département. A peine fus-je nommé, qu'une seconde Vendée voulait se former dans notre Département. Les jeunes gens des environs de Molsheim s'attroupèrent au nombre de 4 à 5000, on parvint à les dissiper, mais on ne découvrit pas les auteurs de la rébellion. Je me transportai à la campagne, je fis les recherches les plus exactes et je parvins à faire tomber les têtes des trois principaux chefs et instigateurs. Aussitôt le calme fut rétabli et la Vendée n'eut pas lieu.

«C'est moi qui le premier des journalistes français ai dévoilé le système perfide des Députés fédérés, c'est moi qui le premier ai proposé à la Société de Strasbourg une pétition tendant à obtenir le décret d'accusation contre Brissot et consorts. C'est moi qui, presque seul, ai lutté contre les Sections de Strasbourg quand elles se réunissaient aux rebelles de Marseille et de Bordeaux.

«Les assignats perdaient au mois d'août dernier et suivants 85 pour cent à Strasbourg. Ne pouvant obtenir la punition des agioteurs et des faiseurs de deux prix, parce que les jurés étaient pour la plupart complices des accusés, j'ai cherché à les effrayer en plantant la guillotine sur la Place d'Armes et en provoquant des Représentants du Peuple des mesures extraordinaires contre les scélérats qui s'obstinaient à avilir la monnaie nationale et à provoquer par là la dissolution de l'armée qui à cette époque se trouvait dans l'état le plus alarmant. Les feuillants enragés de ma fermeté abattirent nuitamment l'instrument de la loi, le conduisirent devant ma maison, en demandant à hauts cris ma tête. Enfin, voyant que je n'y étais pas (car j'étais prévenu et je ne couchai pas chez moi) ils brisèrent la guillotine à ma porte. Elle y resta jusqu'au lendemain 10 heures du matin, sans qu'aucun fonctionnaire public ait osé rechercher les coupables. Le Représentant du Peuple Borie fut alors à Strasbourg.

«Cela ne me découragea point dans ma carrière révolutionnaire. Plusieurs villages s'étant révoltés vers la fin du mois d'août, pour s'opposer à la réquisition des Représentants du Peuple, j'ai parcouru la campagne, j'ai fait l'impossible pour déterrer et punir les coupables.

«Huit jours avant la prise des lignes de Wissembourg, j'ai ramassé dans le District de Haguenau tous les grains qu'il m'était possible d'enlever. J'ai à moi seul fourni plus de grains que les Commissaires des autres Districts réunis.

«Voilà, citoyens, ma conduite jusqu'au moment où je fus nommé Commissaire civil à l'armée révolutionnaire et à la Commission qui l'accompagnait. Cette armée n'a jamais existé, il n'en fallait pas, le nom seul effrayait les Aristocrates, et je me contentais de requérir telle force armée dont je pouvais avoir besoin pour le moment. Les pouvoirs qu'on me donnait étaient indéfinis, je tremblais en les acceptant, je prévoyais, pour ainsi dire, ma perte ; mais sûr de mes bonnes intentions, je m'élançai dans cette nouvelle carrière ; je commençai par promener la guillotine dans toutes les rues de Strasbourg, et par faire juger les marchands, boulangers et fariniers coupables, sur la Place d'Armes. Un marchand de chandelles, convaincu d'avoir caché dans sa cave une grande quantité de chandelles, fut condamné à la déportation. De riches négociants furent attachés à la guillotine et condamnés à des amendes terribles, pour avoir avili les assignats. Des agents de princes allemands furent guillotinés. En moins de quinze jours les assignats étaient au pair. Je publiai des proclamations. Je menaçai et l'aristocratie expira visiblement. Je m'attachai surtout à traduire devant la Commission révolutionnaire les fonctionnaires publics et notamment les juges de paix, qui, par leur modérantisme, avaient corrompu les campagnards. Je les fis remplacer par des patriotes intelligents et montagnards. La ville de Strasbourg était balayée, je me transportai avec la Commission dans les campagnes. J'y recherchai les meneurs des fanatiques et les correspondants des émigrés. Onze têtes tombèrent dans dix jours. Je me trouvai à Schlestadt, lorsque je reçus l'ordre de venir à Strasbourg parce que les Représentants du Peuple avaient fait des changements à la Commission ; je retournai sur-le-champ avec ma soi-disante armée révolutionnaire qui consistait alors en quinze cavaliers agricoles que j'avais requis des environs de Strasbourg.

J'entrai à Strasbourg le 24 frimaire. Le détachement escortait le drapeau révolutionnaire, le sabre nu à la main, je suivais dans une voiture chargée de sept personnes et de l'équipage des cavaliers.

«Des malveillants profitèrent de cette occasion, pour tromper la religion des Représentants du Peuple St-Just et Lebas. Ceux-ci arrivés le même jour à 11 heures du soir, me firent arrêter à minuit dans mon lit et conduire en prison. J'y fus jusqu'à midi, lorsqu'un fort détachement à cheval et à pied vint me conduire à la Place d'Armes au pied de la guillotine. Là un bourreau me dit d'avoir l'ordre de m'attacher à la guillotine. Je demandai à le voir par écrit : on me le porta. Il était conçu en ces termes à peu près : Les Représentants du Peuple envoyés révolutionnairement à l'armée du Rhin, instruits que le nommé Schneider, Accusateur public à la Commission révolutionnaire, ci-devant prêtre né sujet de l'empereur, s'est présenté en cette ville avec un faste insolent, escorté par un détachement à cheval, le sabre nu, et traîné dans une voiture par six chevaux, arrêtent que le dit Schneider sera demain attaché à la guillotine depuis midi jusqu'à 2 heures et de là conduit au Comité de salut public. Signé : *Saint-Just et Lebas.*

«Ah, frères et amis, Vous auriez dû voir la joie qui brillait sur les visages des aristocrates et des feuillants quand ils virent leur antagoniste attaché à cette même guillotine qui avait abattu tant de têtes de leurs semblables. Vous auriez dû entendre le triomphe des scélérats, pour Vous convaincre que l'objet de leurs insultes était un patriote.

«D'où vient-il donc que les Députés montagnards s'appesantissent d'une manière aussi terrible sur un homme qui était en exécration aux Sectionnaires et aux Girondins ?

«D'où vient-il qu'on me range dans la classe des étrangers, tandis que la France m'a appelé dans son sein et m'a assuré, par des décrets solennels, les droits de citoyen ?

«D'où vient-il qu'on m'ait jugé et exécuté sans m'entendre ?

«Où est le pays qui puisse approuver une telle procédure ?

«D'où vient-il que Dietrich et son plus fort adversaire se trouvent à la même prison ?

«Citoyens, je Vous ai dit la vérité. Si j'ai altéré un seul fait, je veux que ma tête tombe sur l'échafaud.

«Demandez à Simond, Louis, E . . . . . , Bentabolle et aux autres montagnards qui me connaissent, si j'ai démenti un instant les principes de la liberté et de l'égalité. Demandez-leur si mes écrits, mes discours, mes actions avaient jamais d'autre but que celui de seconder la marche de la Révolution ?

«De quoi m'accuse-t-on? Est-ce que j'ai été trop sévère? Eh bien! Qu'on examine les jugements qui ont été rendus à ma réquisition et qu'on pèse en même temps les circonstances du temps et des lieux où ils ont été rendus.

«Fallait-il donc que je périsse quelle que fut ma conduite : Si je ne sévis pas, je suis puni comme modéré. Si je sévis, je suis accusé d'abus de pouvoir, comme si l'Accusateur public pouvait être responsable des sentences judiciaires qu'un tribunal peut prononcer.

«Je Vous déclare, que d'après ma façon de voir, tout Aristocrate mérite la mort, et qu'il faut exterminer tous ceux contre lesquels on peut prouver des faits. J'ai cru que la Commission révolutionnaire était chargée de cette opération terrible, mais nécessaire, et j'ai fait mes conclusions en conséquence.

«J'applaudis fortement au Décret qui détermine le mode du Gouvernement révolutionnaire et à celui qui fixe le mode de juger les complices des émigrés. Mais ces Décrets n'existaient pas lorsque je fus en fonctions et je devais me frayer mon chemin à moi-même.

«Citoyens! si j'étais neuf en patriotisme on pourrait peut-être me soupçonner. Mais toute ma conduite depuis la Révolution a toujours été celle d'un homme qui idolâtre la liberté.

«Ne souffrez pas que la calomnie écrase le patriotisme et que l'intrigue triomphe de l'innocence.

«J'ai tant de fois défendu les Jacobins et les Parisiens au péril de ma vie. Il est juste que je trouve des défenseurs parmi eux.

«Dois-je Vous dire encore que le jour même où j'ai été arraché de mes foyers, mes noces devaient être publiées à Strasbourg avec une citoyenne pauvre, mais patriote et vertueuse?

«Jacobins! Pourriez-Vous rester insensibles à mon malheur, au malheur d'un de Vos frères?

«Je demande que mon affaire soit examinée par le Comité de sûreté générale. Je demande que je sois jugé, s'il y a lieu, ou que je sois rendu à la liberté. Je veux être ou libre ou guillotiné. Il faut que je sois réintégré dans mes droits de citoyen ou que je sois anéanti.

«*Euloge Schneider,*

«ancien Jacobin de Strasbourg, ci-devant Accusateur public du département du Bas-Rhin et Commissaire à l'armée révolutionnaire établie par les Représentants du Peuple Lacoste et Mallarmé.»

23—28 décembre 1793.

Correspondance de Charles Taffin, Président du tribunal révolutionnaire.[1]

1º Lettres adressées au Comité de sûreté générale de la Commune de Strasbourg.

PREMIÈRE LETTRE.

«Strasbourg, 3 nivose II.

«L'exhibition des pièces du citoyen Gerst Vous convaincra, concitoyens, de la réalité des pouvoirs accordés par les Représentants du Peuple, Lacoste et Mallarmé, au citoyen Schneider, d'organiser avec une célérité égale au danger du moment, un Conseil d'administration et une sorte d'armée révolutionnaire, chargés «d'enlever des villages menacés de l'in«vasion des hordes ennemies, les denrées, les bestiaux etc., les gens «suspects, et de les transporter sur les derrières de l'armée, conformé«ment à la loi.» La nomenclature des crimes qu'on nous impute comprenant celui d'avoir envoyé sans autorisation des Commissaires révolutionnaires dans les campagnes, et ayant, pour mon compte, contresigné, en ma qualité de Président du dit Conseil d'administration, les commissions données en son nom, la dite autorisation existant parmi les pièces de Schneider et ma justification dépendant de sa production, j'ai indubitablement le droit d'être appelé à la levée des scellés et d'être présent à l'inventaire de ses papiers. Je Vous requiers en conséquence de me mander à cette opération, protestant par provision contre tout ce qui se ferait en mon absence.   *C. Taffin*[2].»

2e LETTRE AU MÊME COMITÉ.

«3 nivose II.

«Entre autres absurdités, qu'on prête à Schneider, celle d'avoir requis les parents de la citoyenne Stamm, par l'effroi menaçant de la guillotine, de lui accorder leur fille en mariage, paraît d'autant moins à mépriser, concitoyens, que des fonctionnaires mêmes du Peuple se plaisent à la répéter, laissant à deviner s'ils lui prêtent ou non, eux-mêmes, quelque réalité. Comme personne n'est plus au fait de la vérité que moi, je Vous

---

[1] Inédite.

[2] Cette lettre ainsi que les suivantes demeura sans réponse et les scellés apposés aux papiers de Schneider furent levés sans la participation de Taffin.

déclare que m'étant offert à Schneider de lui servir de père et d'ami dans cette circonstance importante de sa vie, il me remit deux lettres cachetées, adressées l'une aux parents et l'autre à leur fille aînée, conçues à peu près ainsi : Concitoyens et chers amis, permettez que Votre intéressante fille lise les deux mots que je lui adresse ci-joint, et consentez à notre mariage, je serai, foi de Républicain, aussi bon gendre que bon mari. Signé *Euloge Schneider*. 2e lettre : Excellente citoyenne, je T'aime, je Te demande à Tes parents, donne-moi Ta main, je ferai Ton bonheur. — Je présentai ces deux lettres en présence du citoyen Wolff, notre collègue, le citoyen Mœrlen, négociant de Barr, qui nous avait montré la maison et qui était notre seul guide, étant déjà retourné chez lui. Le consentement des parents et de la fille, résultat de la ferme persuasion de l'heureux assortiment de ce mariage, se donna, je Vous l'atteste, le plus librement que jamais consentement depuis l'existence du monde. Ces trois personnes, au surplus, n'étant pas mortes, il n'y a qu'à demander si je Vous en impose.   *C. Taffin* [1].»

3e LETTRE AU MÊME COMITÉ.

«3 nivose II.

«Quand on veut la mort d'un chien, on crie dans les rues qu'il est enragé, et tous les badauds à lui courir sus. C'est ce qui arrive à Schneider. Chacun répète depuis l'instant que ce chêne a été entamé par sa racine : on a trouvé, ou bien on trouvera sous le scellé un million et demi, fruit de la corruption, deniers extorqués aux juifs, aux citoyens de toutes espèces, aux femmes....

---

[1] Les fiançailles de Schneider se trouvent insérées dans le registre des publications de mariage de la commune de Barr, de l'année 1793, de la manière suivante (traduction littérale de l'allemand) :

«Euloge Schneider, Accusateur public du département du Bas-Rhin, et en ce moment Commissaire civil de l'armée révolutionnaire, domicilié à Strasbourg, citoyen français, natif de Wipfeld, en Franconie, fils majeur de feu citoyen Michel Schneider, ci-devant homme de justice au dit lieu, et de la femme Marguerite Burgstabler, s'est fiancé avec la demoiselle Sarah Stamm, fille majeure du citoyen Jean-Frédéric Stamm, chef du bureau d'imposition de ce District, et de la femme Marie Werner, demeurant en cette commune, ce qui, d'après la loi de l'Assemblée nationale du 20 septembre 1792, a été publié par moi soussigné Maire, en l'absence de l'officier public, à Barr dans le temple de la Raison, à la commune assemblée, le 22 frimaire à 10 heures du matin, an second de la République française.   Signé : *André Schuler*, Maire.»

«Or moi je Vous déclare que dans la circonstance de son projet de mariage dans laquelle il s'agissait de rassurer les père et mère de la personne à laquelle il voulait s'attacher, pour son bonheur propre et le sien, dans cette circonstance où l'on n'est que trop charmé de pouvoir faire l'aveu d'une propriété rassurante, il m'a chargé de déclarer et il a sans doute répété la même déclaration : qu'il avait devant les mains une épargne d'environ 6000 livres, je dis six mille livres, fruit de son économie et de son travail, lequel, ajouté au produit certain et périodique de sa plume, qu'il appelait sa charrue, leur donnerait sûrement le moyen de vivre dans une médiocrité honnête, seule manière d'être digne d'un ménage de sans-culottes.

«Je Vous préviens donc, concitoyens, que Vous ne trouverez sous les scellés de Schneider qu'environ 6000 livres et j'offre de Vous prouver par la déposition de quantité de témoins, qu'il a apporté au moins cette somme de l'Allemagne en 1791.   *C. Taffin.*»

2° Lettre adressée au citoyen Teterel, Juge au tribunal révolutionnaire.

«4 nivose II.

        «Frère et ami!

«Verra-t-on plus longtemps se renouveler au milieu de Vous, de Vous les amis de l'ordre et de la Révolution, des inculpations qui ne peuvent tourner qu'au préjudice, à la ruine de la chose publique? Les meilleurs patriotes ne seront-ils donc jamais à l'abri des calomnies? Ne voyez-Vous pas que nous servons les projets de nos ennemis et que nous sommes nous-mêmes, avec des intentions pures, mais trop peu réfléchies, les artisans de notre propre malheur. Les agents des puissances coalisées, voyant que l'aristocratie ouverte et déclarée n'a plus de partisans en France, voudraient déchirer les patriotes par la main du patriotisme lui-même. Prenez garde au piége; il est d'autant plus facile de s'y laisser prendre qu'il est couvert de la livrée dont se décore le patriotisme. Nos ennemis, pour nous terrasser plus sûrement, empruntent notre langage et jouent nos sentiments. Ils voudraient transformer en crimes, je ne dis pas un tort léger, mais l'apparence même du tort.

«Frère et ami, pour bien juger les hommes, il faut d'abord se dépouiller de tout préjugé et se placer dans les circonstances où se trouvait l'individu dont on veut apprécier les actions. Il est facile de juger après l'acte; mais comment se serait-on comporté soi-même si l'on eût été chargé de telle ou telle opération? Tout dépend de certaines combinaisons, de la tournure actuelle de l'affaire et souvent du hasard lui-même. Schneider, qui a rendu de grands services à la République, s'est comporté en honnête homme. Il a sauvé la vie à un grand nombre de patriotes, il a fait son devoir. Il a revivifié le commerce, rendu la valeur aux assignats, empêché la désorganisation ultérieure de l'armée, garanti les dix-neuf vingtièmes des habitants de cette ville de la famine, du désespoir, et qui plus est, il a fait tout cela avec une conviction parfaite de devenir tôt ou tard la triste et innocente victime de son attachement à la Révolution.... *C. Taffin.*»

3º Lettres adressées à la citoyenne K......, à Paris.

PREMIÈRE LETTRE.

«5 nivose II.

«Concitoyenne!

«Wolff, Martin et Gerst avaient été remis en liberté sur une espèce d'interrogatoire, subi pour la forme, devant le Comité de sûreté générale. Nous ne tardâmes point d'apprendre que le deuil, la douleur, mais surtout le despotisme sultanique avec lequel Schneider et ses amis venaient d'être tyrannisés, joint à l'influence exclusive des propagandistes au club, avaient étouffé la voix de cette précieuse portion des patriotes de Strasbourg, de Barr et de Schlestadt. Ils n'en furent point découragés, je le parierais; les sans-culottes n'éprouvent point le sentiment de la lâcheté, mais ils se recueillirent dans le silence et combinèrent avec sagesse les moyens de démasquer les traîtres, d'éclairer la religion surprise des Représentants et la justice de la Convention nationale. Voici les copies des pièces que j'adressai successivement au Comité de sûreté générale; il serait trop long de Te faire part de la défense individuellement faite par nos bons amis et je me borne à Te dire que Pitt et ses conjurés ne tardèrent pas longtemps de trahir par leurs distractions et le fond de crainte qui perçait malgré eux, qu'ils commençaient à entrevoir l'abîme qu'ils venaient de creuser sous leurs pas. Ajoutez à cela que les assignats recommencèrent à baisser sensiblement, qu'on ne voulait plus faire l'appoint en monnaie métallique, que les subsistances, mais plus encore les marchandises de luxe, remontèrent d'une manière frappante, au point de payer quatre fois plus cher ces objets, et la table d'hôte, entre autres, que nous étions parvenus à faire diminuer jusqu'au modique prix de 3 livres, remonta en peu de jours jusqu'à 7 livres, par la raison que la vente des denrées de nécessité première fut arrêtée en même temps que nous; les jardiniers, les bouchers, les boulangers, les marchands épiciers faisaient effrontément la nique, disant : Ha, ceux qui nous avaient volé nos marchandises ne sont plus ! Le chapelier, locataire de Schneider, fut accusé de s'être distingué par ces propos et d'avoir fait 25 livres un chapeau taxé 12 livres. La suite demain.   *C. Taffin.*»

2e LETTRE À LA MÊME.

«7 nivose II.

«Concitoyenne !

«Je remplis l'engagement contracté hier soir de Te faire une peinture véritable de notre situation actuelle et je Te la ferai facilement toucher au doigt, à Toi qui lis avec tant d'attention les papiers publics, qui sais conséquemment que le dernier effort de Pitt aux abois se réalise dans ce moment par la persécution contre les patriotes, exercée par des intrigants, des ambitieux, des petits Pitt.... Je commence :

«A l'époque de l'organisation d'une Commission révolutionnaire à Strasbourg, l'armée venait d'être repoussée des lignes sous les murs de cette ville ; le désordre dans lequel elle se retira, la désertion des lâches, des corrompus, et le nombre des malades la réduisirent à très peu de chose ; elle ressemblait à un rassemblement fortuit de gens au désespoir, ayant la douleur de voir encore à leur tête les traîtres, les hommes ineptes qui venaient de les vendre à l'ennemi ; par conséquent point d'ordre et encore moins de discipline ; le pillage exercé indistinctement contre les patriotes et les contre-révolutionnaires s'en suivit naturellement, et les campagnards qui avaient tardé de se jeter pêle-mêle dans cette ville avec le peu de provisions que la rapidité de leur fuite leur avait permis, se trouvèrent constitués dans la dernière désolation ; le soldat ne pouvant rien acheter avec la monnaie nationale, avilie au point que les cent-sols [1] n'en valaient plus que vingt, dix-huit et même seize, se crut tout permis, refusa de se battre et le moment du siége de cette place nous parut instant. Le nombre immense de population réfugiée ici donna des inquiétudes tout aussi fondées d'un autre côté. La plupart des riches propriétaires n'avaient garde de rien payer en assignats et augmentèrent ainsi la circulation du numéraire au détriment des pauvres citadins et des militaires qui, n'en ayant pas, se trouvèrent constitués entre la ruine et la privation de toute chose ; les lois révolutionnaires et celle surtout qui abolissait les deux prix, avaient fait retirer les enseignes aux brasseurs, fermer les cabarets et les boutiques aux agioteurs, établissant de

---

[1] Nom que portaient les assignats de 5 livres.

cette sorte une disette alarmante, quoique factice au milieu de l'abondance.... Ce fut au plus haut période de cette crise que Schneider, Wolff, Clavel et moi, choisis par la Société populaire sur la demande des Représentants Lacoste et Mallarmé, acceptèrent non obstant le danger imminent qu'ils connaissaient dans toute son étendue, des fonctions si périlleuses.... La suite à demain, le courrier me presse.

«Salut et fraternité.   *C. Taffin.*

«*P. S.* La digne mamàn Taubert, presque toujours avec moi, Te salue.»

3e LETTRE A LA MÊME.

«8 nivose II.

«Concitoyenne!

«Je reprends ma narration là où le départ du courrier d'hier me l'a fait interrompre : Nous acceptâmes, Te disais-je, les fonctions périlleuses de Juges et de Commissaire civils avec le dévouement de notre vie, sous la garantie de la Société populaire qui nous promit de nous aider de ses conseils, de son appui, de sa masse. Mais nous eûmes à peine sévi contre les traîtres, les accapareurs, les mauvais citoyens de toute espèce, que les calomnies, les dénonciations plurent sur nos têtes : au lieu d'être repoussées, comme elles le devaient, elles furent clandestinement recueillies par les hommes d'État, les ambitieux, les agents de Pitt. Ils parvinrent à en former un corps de délit, dont l'apparence trompeuse, mais imposante, eut de quoi surprendre la religion des Représentants, en les entraînant dans une démarche non pas tyrannique, le mot est trop doux, mais sultanique, puisque le pauvre Schneider fut puni sans avoir été ni entendu, ni jugé, puni de la peine la plus cruelle qu'il était possible d'infliger à un caractère inflexible, indépendant, à un homme fort de sa conscience, d'avoir sauvé la chose publique et mérité au moins quelqu'indulgence, supposé même qu'il ait été commis des fautes de forme. Dans l'après-dîner du même jour fatal, 25 frimaire, Wolff, Martin, Nestlin, Anstett, Helmstätter, Clavel et Gerst, nous fûmes tous arrêtés par ordre verbal du Comité de sûreté générale et conduits au Séminaire, où les détenus, la plupart de notre fait, au nombre de passé 600, nous attendaient à la porte et dans la cour, paraissant avoir été méchamment prévenus de notre sort, de notre arrivée. Toute communication au-dehors nous fut interdite, Tu devines assez pourquoi! J'avais oublié que le Commandant, pénétré du danger dont nous parûmes menacés par cette foule d'ennemis, nous mit deux sentinelles devant la porte, et comme ce surcroît de service fatiguait le poste de douze hommes seulement, on nous mit ici la nuit à la maison d'arrestation, ci-devant hôtel Darmstadt [1].   *C. Taffin.*»

—

27 DÉCEMBRE 1793.

Lettre collective adressée à la citoyenne K...... à Paris, par Charles Taffin, Jung, Gerst, Miller, Hauk, et apostillée par quelques autres personnes.

«Au ci-devant hôtel Darmstadt, le 7 nivose II de la République.

«Les citoyens Jung, officier municipal de Strasbourg, Gerst, Maire de Pfaffenhoffen, Hauk, maire d'Epfig, Miller et Charles Taffin, à la citoyenne K...... à Paris.

«Concitoyenne !

«En réponse à la lettre au citoyen Jung, du 1er de ce mois, dont il nous donne en ce moment lecture, nous demandons à être agréés par Toi pour caution en faveur de notre malheureux frère Euloge Schneider. En conséquence nous Te garantissons en société et individuellement sous notre responsabilité individuelle, que Tu n'as rien à risquer en prenant son parti hautement. Nous T'assurons qu'il n'a pas varié dans ses principes, mais qu'il en est véritablement la triste mais innocente victime, que son crime est d'avoir censuré les fautes des Représentants du Peuple, lors de la prise des lignes de la Lauter, lors de l'arrestation de nos frères du Département et autres corps administratifs ; qu'il a vigoureusement sauvé le peuple de ce département par l'énergie avec laquelle il a rempli ses fonctions de Commissaire civil près du Tribunal révolutionnaire.... Ceci n'est qu'une réponse provisoire, en moins de 24 heures nous Te manderons les détails les plus satisfaisants. Salut et fraternité.

«*Jung, Gerst, Hauk, Miller, C. Taffin.*

«*P. S.* Le citoyen Helmstätter, de Bergzabern, aussi arrêté en qualité d'ami de Schneider, et connu de Toi, demande aussi à signer notre cautionnement.   *Jean Helmstätter.*

«Sois sûre que je meurs pour la bonne cause et que je regarde Schneider pour son plus grand défenseur.

«*Wolff,* Juge du Tribunal criminel révolutionnaire.

---

[1] Anciennement l'hôtel d'Ochsenstein, ensuite l'hôtel de Hanau, et de nos jours l'Hôtel-de-ville.

«Schneider n'a pu me tromper, car il n'a jamais cessé d'agir avec une droiture sans exemple. Je suis prêt à mourir avec lui.   *Butenschœn.*

«Nous n'avons jamais connu notre ami Schneider que comme ami infatigable et zélé de la liberté ; nous espérons le voir bientôt triompher de la cabale et de l'intrigue.

«Sois ce que je voudrais être, ma chère concitoyenne, l'appui de l'innocence ; c'est le devoir d'une vraie républicaine.   *Louise K…*

«Euloge Schneider, par son héroïque fermeté, a fait trembler tous les contrerévolutionnaires, les fripons et les intrigants, qui cette fois ont eu le dessus sur lui. Faire le procès de Schneider, c'est, selon moi, faire le procès à la Révolution.   *Massé.*

«Si Schneider est dans le besoin, je m'engage à lui donner tous les mois vingt-cinq livres ; je dois cette reconnaissance aux principes purs et au bien qu'il a produit dans cette ville, à moins qu'on me donne des preuves du contraire.   *Lepelletier-Arnette.*

«En tout du même avis que les précédents. Si Schneider est coupable, nous autres patriotes sommes tous coupables, et en particulier ceux qui ont parlé contre Dietrich et qui ont maintenu les séances du club allemand.   *Cotta.*

«Ont encore signé : *Gerold, Birkicht,* officier municipal.»

---

2 JANVIER 1794.

Résumé des interrogatoires subis par les complices de Schneider, dont les pièces sont déposées au Comité de sûreté générale, et desquelles le citoyen FIESSE, Secrétaire-adjoint du Département, a été chargé de faire l'extrait. Strasbourg, F. G. Levrault, 7 p. in-4° [1].

«Des hommes que l'éclat passager d'un faux patriotisme avait portés aux premières fonctions, viennent de prévariquer, d'abuser avec audace de la confiance du peuple et de ses Représentants députés dans ce département. Ces hommes sont Euloge Schneider, prêtre, nommé Commissaire civil près le tribunal révolutionnaire; Taffin, un autre prêtre, et Clavel, nommés juges : Anstett, encore un prêtre, et Nestling, appelé à l'administration du département du Bas-Rhin.

---

[1] Cette pièce, rédigée sous l'influence du Maire Monet, se trouve aussi insérée dans le Livre bleu, t. I, appendice p. 6.

«Nous allons parler du premier de ces individus, du chef d'une conspiration nouvelle contre la liberté du peuple français.

«Que d'autres, aveugles dans leurs fureurs, expriment leur haine contre
la révolution; qu'ils ne dissimulent plus leurs vœux pour le rétablissement d'un régime abhorré; qu'ils créent ouvertement des ennemis toujours renaissants contre la République française; qu'ils soutiennent dans
les combats leurs principes orgueilleux et liberticides, ou que d'autres
moins courageux, ou plus adroits, creusent leurs mines dans les ténèbres,
tantôt sous le voile d'un feuillantisme astucieux, tantôt sous celui d'un
modérantisme trompeur : ces moyens étaient trop communs pour ce nouveau Catilina. Prendre toutes les couleurs du patriotisme le plus exas-
péré; désunir les vrais Républicains sous le grand prétexte du salut public; allumer la défiance du peuple sur ses plus sincères amis, heurter
avec impudence les opinions les plus respectables; étouffer le patriote
sous le poids prétendu de la vengeance nationale; faire gémir les cachots
comblés de victimes malheureuses et innocentes; sacrifier tout à sa vengeance personnelle et à ses desseins secrets; exercer cependant de temps
à autre une justice rigoureuse contre des scélérats reconnus : tel s'est
annoncé Euloge Schneider dans les pouvoirs qui lui étaient confiés; tel
il a continué l'exercice des fonctions les plus augustes, de la manière la
plus odieuse.

«Les pouvoirs dont cet homme avait été revêtu, étaient immenses;
mais les lois et l'arrêté des Représentants en avaient tracé les limites.
Chargé de frapper les coupables, de forcer au respect des décrets l'ignorance du peuple et la scélératesse des malveillants, d'avoir continuellement les yeux ouverts sur les précipices que le crime creusait à la liberté,
de protéger l'innocence et le patriotisme contre les pièges de l'aristocratie, du feuillantisme ou du despotisme coalisé; s'il eût rempli ces devoirs,
il aurait bien mérité de sa patrie : mais non ; cet étranger que la rage de
nos ennemis paraît avoir vomi sur la terre de la République pour la couvrir de ses poisons homicides, n'avait point de patrie chez nous : le crime
l'enfanta, le crime le nourrissait.

«Ce n'est point sans un frémissement douloureux au sentiment, que
nous remplissons la tâche pénible de faire l'énumération des forfaits de
ce prêtre autrichien.

«Il fallait sans doute pour les projets de cet homme fécond en scélératesse, qu'il cherchât à détruire la liberté par la liberté, qu'il abusât
monstrueusement des mesures révolutionnaires créées pour sauver le
peuple.

«Non seulement il établit des taxes arbitraires sur les citoyens, sans
aucune délégation qui lui en donnât l'autorité, se jouant avec un plaisir

funeste de leur fortune et de leur vie, il voulait satisfaire en même temps, et sa soif du sang français, et sa cupidité pour les richesses. Aucuns moyens n'échappaient à sa rage : tantôt ses fidèles et nombreux émissaires, la menace à la bouche et la rage dans le cœur, forçaient à la fuite une famille paisible et vertueuse, pour avoir un droit à ses propriétés abandonnées ; tantôt lui-même frappait ouvertement ses victimes.

«Également implacable dans sa haine, comme effréné dans ses débauches, la modeste innocence était forcée de s'abandonner à sa criminelle luxure, ou bientôt elle périssait sous un coup d'autant plus assuré, qu'il était alors dirigé par un fonctionnaire public.

«Ces taxes perçues sous des augures aussi odieux, indécemment cumulées, préparaient les richesses futures de cet homme avide. Une faible portion en était versée dans la caisse du receveur particulier ; on voulait sauver quelques légères apparences pour tromper avec plus de sûreté : mais aucun compte n'était rendu, aucune trace n'était recueillie de la nature et du montant des contributions ; peu de quittances étaient remises aux malheureux que l'on venait de dépouiller, ou, si l'on voulait quelquefois sacrifier à cette formalité, elles portaient toujours une somme inférieure à la valeur extorquée. Le peuple souffrait de ces vexations criminelles ; mais la crainte avait glacé ses sens : il aurait tout donné pour ne point être dévoré par ce monstre ; semblable à ses innocents et timides Américains, qui portaient l'or aux chevaux des féroces Espagnols.

«Si ces violences exercées sur les fortunes paraissaient satisfaire à l'avidité de ce nouveau Cortez, elles ne remplissait point encore son véritable but : il voulait opérer une désorganisation entière. Foulant aux pieds toutes les lois, toutes les autorités, tous les principes ; il destituait à son gré et d'un trait de plume, les municipalités, les juges de paix : ce n'était point encore assez, il les remplaçait par des prêtres, par des étrangers, tous ses complices.

«Faudra-t-il dépeindre cet homme insultant au malheur des infortunés qu'il venait de dépouiller de leurs biens, ou de condamner à la mort ; poursuivant ces derniers jusque sous le couteau de la guillotine, exerçant contr'eux tout le venin de sa langue impure et meurtrière ; s'enrichissant, s'entourant de leurs effets les plus précieux ou les plus convenables à ses fantaisies ; savourant avec un plaisir monstrueux le spectacle de la dépouille de la mort : ce n'est qu'un pinceau trempé dans le sang, ce n'est que le pinceau de Schneider qui pourrait tracer avec vérité un tableau aussi révoltant.

«Que l'on ne cherche point dans les archives du Tribunal révolutionnaire les traces de toutes ces iniquités, de tous ces crimes ; Schneider dirigeait tous les jugements, il n'en était tenu aucuns registres : le temps qu'il aurait dû employer à leur rédaction, aurait été un temps perdu pour ses vengeances.

«Nous passerons même sur l'entrée indécente et triomphale que ce prêtre étranger fit à Strasbourg, traîné dans un char superbe, attelé de six chevaux, et escorté par vingt-cinq cavaliers, tenant le sabre en main. Après avoir foulé aux pieds pendant si longtemps tous les sentiments de la nature, pouvait-il respecter encore les principes de l'heureuse égalité?

«Mais que dirons-nous du parti redoutable qu'il avait formé, de ce tas d'étrangers qu'il avait appelés en France, dont il s'était fait une meute fidèle et obéissante; de l'accaparement de toutes les places administratives et judiciaires, qu'il avait données ou fait donner à ses dociles créatures; du despotisme qu'il établissait, et par lui-même et par ses valets sur tout ce qui respire dans le département; des menaces de sang que se permettaient quelques-uns de ses indiscrets favoris?

«Quelque fécond, quelque exercé que fut cet homme dans la consommation du crime, quelques ressources que lui offrit son esprit machiavéliste, il sentait qu'il ne pouvait jamais suffire seul à l'immensité et à la hardiesse de ses projets. Il lui fallait des associés; il les trouva bientôt. Les scélérats se connaissent d'un coup d'œil, et le forfait les unit étroitement. Quelques-uns se sont soustraits par la fuite au juste châtiment qui les attendait, emportant avec eux le fruit de leurs vols et de leurs rapines.

«Quatre sont arrêtés; ce sont Taffin, Clavel, Nestlin et Anstett.

«Il était indispensable que, pour agir efficacement sur la terreur ou sur la crédulité des citoyens, ils fussent revêtus de pouvoirs illimités. Schneider les leur donna, et c'est sous cette égide qu'ils parcoururent avec sécurité et arrogance la carrière inconcevable de leurs crimes. Rivalisant de forfaits avec leur digne chef, il n'est vexations, vols, dilapidations, violences, calomnies, haines et vengeances, qu'ils n'exerçassent.

«Nous n'en entreprendrons pas la fatigante répétition; ils suivaient avec le zèle le plus actif et le plus scrupuleux les ordres et les exemples d'Euloge Schneider : ils allèrent même plus loin; ils vendirent des effets nationaux, et s'en approprièrent le bénéfice.

«Ce n'est qu'au moment de leur arrestation (car le crime est toujours lâche) que ces individus montrèrent le désir de se décharger des sommes qu'ils voulaient bien avouer avoir perçues. Mais leurs courses mandarines et orgueilleuses, la force armée traînée à leur suite, leur vie à discrétion dans tous les lieux de leurs passages, les effets des citoyens appliqués à leur usage, les sommes volées, l'innocence persécutée, la vertu outragée, ce sont des crimes qui n'ont point encore élevé les remords dans leur sein.

«En vain Taffin a-t-il cherché, dans son interrogatoire, à couvrir un de ses vols de l'autorité du Département. L'arrêté remis sous ses yeux qui porte que les rebelles dans la ci-devant préfecture de Haguenau, paieront les frais de déplacement de la force armée, lors seulement qu'ils auront été jugés tels par le tribunal; le second arrêté qui casse l'armée révolutionnaire qu'il avait levée de son chef, lui ordonne de rendre compte d'une somme de trente-deux mille livres déjà illégalement perçue et non encore restituée, et lui défend d'imposer d'ultérieures taxes, l'eurent bientôt convaincu. L'hypocrite paraissant céder à la violence des remords, comme si un prêtre pouvait sentir des remords, prétendit avoir agi, dans presque toutes les occasions, contre le vœu de son cœur, avoir été forcé de céder à l'ascendant impérieux de Schneider dont il craignait le caractère violent et vindicatif, et s'est enfin fait un principe constant de ne jamais le contrarier et de suivre aveuglément l'impulsion de sa volonté. Quel aveu dans la bouche d'un homme qui faisait alors les fonctions de juge, qui à toutes heures, prononçait sur la fortune, sur la vie de ses concitoyens.

«Clavel n'était point comme les autres destiné aux coups de maître. Son cercle était tracé dans l'enceinte de Strasbourg. Il ne taxait des amendes qu'aux jardiniers, aux cultivateurs qui fertilisaient de leurs denrées les marchés publics, aux femmes qui avaient oublié d'attacher des cocardes ou qui n'en avaient point dans le genre que prescrivait ce petit juge, enfin aux personnes de tout sexe qui ne se tutoyaient point; etc. Mais en dernière analyse, son domaine ne laissait point que de produire beaucoup : il imposait quelquefois une seule pauvre femme à cinquante livres ; il empochait tout, ne prenait aucun nom, ne tenait aucun registre, et ne rendait que peu ou point du tout de compte. Il prétend cependant avoir remis au citoyen Weiss, secrétaire du tribunal, le produit en bloc de ces taxes, sans en connaître le montant total, d'après son propre aveu.

«Anstett quitta son poste d'administrateur pour courir les campagnes, comme Commissaire révolutionnaire taxateur; et Anstett n'avoue qu'une somme de 171,588 livres, perçue dans le canton de Kochersberg. Il est à observer qu'il agissait dans une partie du département où il avait, comme curé, essuyé quelques mortifications. Il avait beaucoup de vengeance, de haine, de passions à satisfaire; il avait en conséquence dépouillé les cultivateurs qui lui déplaisaient. Enfin l'arrestation de Schneider lui causa l'altération la plus vive et les inquiétudes les plus mortelles, même aujourd'hui ses frayeurs, ses angoisses ne l'ont point encore quitté.

«Enfin Nestlin aux crimes de tous ses collègues, a ajouté celui de juger à Sélestatt un homme à mort, sans être revêtu de la qualité de juge, n'étant qu'administrateur provisoire du Département. C'est lui particulièrement qui convient d'avoir, par exemple, donné des quittances de 2,000 livres quand il en recevait 3,000, et communément de 800 livres pour une somme perçue de 1,000 livres.

«Tels sont les principaux faits qui résultent des interrogatoires et des déclarations de ces quatres individus. Nous n'ajouterons aucunes réflexions à cet exposé dicté par la vérité, et que la partialité n'a point dénaturé, les victimes immolées ou sacrifiées par eux, crient du fond de leur tombe ou de leur misère : les mânes des uns, les souffrances des autres ne peuvent manquer d'être bientôt apaisées et vengées.

«*Mainoni,* Président ; *Brœndlé,* Secrétaire.

«Imprimé dans les deux langues, en conformité de l'arrêté de la Société populaire de la commune de Strasbourg, du 13 nivose, l'an second de la République une et indivisible.

«*Royer,* Président ; *Revel,* Secrétaire. »

———

11 JANVIER 1794.

Lettre adressée à la citoyenne K......, à Paris, par J. Ch. Laveaux, rédacteur du Courrier de Strasbourg.

«Strasbourg, le 22 nivose II.

«Ce matin à 2 heures les citoyens Jung, Martin, Lauer et d'autres sans doute, furent arrêtés sans que nous sachions où ils ont été conduits. Le projet de nos ennemis, de détruire les patriotes, n'est donc plus douteux. A l'instant même que le citoyen Schneider a été détaché de la guillotine, on nous arrêta, Wolff, Anstett, Nestlin, Woringer, Martin, Hauk et moi ; nous fûmes tous conduits au Séminaire, la communication au-dehors nous fut ôtée et dans le même temps les aristocrates les plus fieffés du Kochersberg, comme entre autres la femme et les filles du prévôt de Kleinfrankenheim, furent relâchés et désespérèrent les patriotes par leurs insolents défis. Les entraves, la gêne et les dangers dont je me vis entouré depuis la cessation de mon journal, m'ôtèrent la faculté de le continuer.

«On ne m'a pas mandé, ni personne, pour assister à la levée des scellés de Schneider. Sa sœur m'a dit hier soir qu'on n'y a rien trouvé du tout qui pût réjouir ses ennemis. Il n'y a là rien d'étonnant, pour nous qui le connaissons; mais ceux qui voulaient à toute force qu'il ait été un agent des princes étrangers, doivent en enrager. Nous lisons les papiers de Paris avec une avidité qui ne saurait se rendre, car c'est de la capitale et nullement d'ici, que nous attendons notre salut. Il n'y a plus ici ni club, ni esprit public, ni courage. Les Propagandistes restent, nonobstant le décret qui leur défend de rester. Ils continuent de désespérer les patriotes qui fuient leurs séances remplies par les aristocrates et les feuillants dont ils caressent les femmes, les filles, dont ils mangent les bons morceaux, boivent les bons vins....

«Monet, Teterel et les Propagandistes ont été faire un tour à Landau et incarcérer dans cette ville les 72 meilleurs patriotes. Clauer, malade depuis longtemps, a été trouvé moribond dans son lit et néanmoins allait-il être entraîné sans le médecin.... On a donc été forcé de se borner à apposer les scellés chez lui en y établissant un planton.

«Les sans-culottes sont tellement consternés, découragés, qu'ils n'osent plus aller les uns chez les autres, ni se parler en se rencontrant dans les rues.

«Je termine par la peur d'être surpris, n'ayant tracé ces lignes qu'à la dérobée et m'attendant chaque moment d'être obligé à avaler mon papier. Le sultanisme de Constantinople n'approche pas des rigueurs que nous éprouvons [1].»

———

28 JANVIER 1794.

Lettres adressées au citoyen K......, négociant, rue et maison Prouvaire à Paris, par E. Schneider.

«(Paris) de l'Abbaye, le 9 pluviose II.

«Mon cher K......,

«Toujours plein de confiance dans Tes sentiments d'humanité et de fraternité, je Te prie de porter le paquet ci-joint au Comité de sûreté générale et de faire en sorte qu'il soit là ouvert et enregistré. Il contient un expositif de ma conduite depuis la Révolution, un exemplaire de mon *Argos*, et des exemplaires de mes discours prononcés à la Société de Strasbourg sur la déchéance du Tyran. Pour Te mettre à même de faire des démarches pour moi je T'adresse copie de mon Mémoire, que Tu pourras faire lire à ceux des Jacobins qui voudraient s'intéresser à mon sort. Je désirerai même qu'il fut imprimé, et je Te prie de me donner Ton avis là-dessus. Écris-moi aussi les nouvelles qui Te sont parvenues

---

1 Cette lettre sans signature est écrite sur un chiffon de papier de la dimension de 6 centimètres sur 9.

de chez nous; car voilà près de trois semaines que je n'entends plus rien de ma sœur, de mon épouse etc. As-Tu vu Cotta et Martin? Schuler est-il toujours ici? Quand est-ce qu'il partira?

«Je T'embrasse avec Ta respectable épouse et Tes petits Jacobins et Jacobines.   *Euloge Schneider.*

«*P. S.* Tu voudras bien remettre à Louis la lettre ci-jointe. Il est membre du Comité. Presse mon jugement! La justification ou la mort!»

---

31 JANVIER 1794.

DU MÊME AU MÊME.

«(Paris) de l'Abbaye, le 12 pluviôse II.

«Mon cher ami,

«Ta dernière lettre a été bien consolante pour moi. Elle m'a convaincu que Tu n'es pas du nombre de ces amis éphémères qui abandonnent celui qui est dans le malheur. Il paraît que le Comité de sûreté générale va s'occuper du sort des prisonniers de Strasbourg. Tu voudras bien me rappeler à son souvenir quand l'occasion s'en présentera. J'espère que Tu auras remis mon Mémoire. Tu m'as observé que je ne dois rien dire contre les Représentants. Cher ami, j'en ai dit le moins de mal possible, je ne pouvais être plus modéré que je ne l'ai été. L'ordre de m'attacher à la guillotine sans m'avoir entendu, n'était-il pas tyrannique, et contraire à tous les principes? Cependant je ne cherchais pas vengeance de mes ennemis : je me bornais à demander ma justification. Quand Tu auras lu mon Mémoire, Tu voudras bien me le renvoyer, avec Tes observations et celles de Tes amis qui l'auront lu. Si Tu le juges à propos, je le ferai imprimer, mais il faut que Tu cherches à me procurer un imprimeur qui ne soit pas trop cher. Quelqu'un m'a demandé 72 livres pour le premier cent d'exemplaires et 20 livres pour chaque autre cent. Tu vois que c'est un prix exorbitant, je voudrais bien sacrifier 50 écus pour 600 à 1000 exemplaires que je ferais alors distribuer d'après Ton conseil.

«Je suis bien inquiet du sort de ma famille. Je crains que ma pauvre sœur ne soit dans les fers, parce qu'elle ne m'écrit plus depuis près d'un mois.

«Je Te demande encore une faveur pour le citoyen Gimpel, mon camarade d'infortune. Il a des amis ici qui s'intéressent pour lui. Il espère d'obtenir son élargissement s'il y a quelques bons Sans-culottes qui lui rendent un témoignage favorable. Tu pourras, sans Te compromettre, assurer qu'il a toujours fait son devoir, qu'à la vérité il ne s'est pas mêlé de politique, mais qu'il ne peut être envisagé comme dangereux ou ennemi de la chose publique à laquelle il a fait des sacrifices importants. Le citoyen Rasp, charron, natif de Strasbourg, Te dira le reste et Tu feras ce que l'humanité et la vérité exigeront.

«Encore une faveur! Tu m'as envoyé du vin l'autre jour qui m'a récréé dans ma solitude. Ne voudrais-Tu pas m'envoyer encore une demie douzaine de bouteilles, bien entendu à mon compte? Je rendrai alors au porteur les bouteilles vides. Si Tu n'en as pas dans Ta cave, Tu sauras en trouver du bon ailleurs.

«Au reste, je T'embrasse avec Ta famille sans-culottes.

«*Euloge Schneider.*»

---

2 FÉVRIER 1794.

DU MÊME AU MÊME.

«(Paris) de l'Abbaye, 15 pluviose II.

«Je Te remercie de tout mon cœur de l'envoi d'aujourd'hui qui m'est parvenu avec les 100 francs. Oui! j'espère que les patriotes ne languiront plus longtemps dans les prisons. Ce qui me désespère, c'est que jusqu'ici ma lettre ne soit point parvenue à ma pauvre épouse: Patience!

«Tu marqueras les dépenses que Tu es dans le cas de faire pour moi. Le panier contiendra du vin. Voudrais-Tu bien l'ouvrir et m'envoyer successivement ce qu'il y a, au cas que ce soit du vin. Si c'est autre chose Tu voudras bien m'en faire part.

«Adieu, je T'embrasse. *Schneider.*»

---

4 FÉVRIER 1794.

DU MÊME AU MÊME.

«(Paris) de l'Abbaye, le 16 pluviose II.

«J'avais hier parcouru Ta lettre avec une telle rapidité que je ne m'apercevais pas de l'article du vin. Aujourd'hui que je l'ai relue, je Te prie de vouloir bien aviser aux moyens de me faire parvenir cette liqueur consolante. Tu voudras bien T'aboucher à ce sujet avec le porteur, le citoyen François, guichetier. Tu lui diras ce qu'il y a dans le panier. Je ne juge pas à propos de transporter le panier à l'Abbaye. Le meilleur sera que Tu le gardes chez Toi, si toutefois cela ne Te gène pas, et que Tu me livres successivement ce que je Te demanderai par écrit. J'enverrai tous les huit jours un commissionnaire qui m'apportera le nécessaire.

Mais si cela Te gène, je ferai transporter le panier ici et je verrai comment je ferai.

« Adieu, mon cher ami. J'attends toujours avec résignation la fin des souffrances des patriotes. *Euloge Schneider.* »

———

6 FÉVRIER 1794.

Euloge Schneider, ci-devant Accusateur public près le tribunal criminel du département du Bas-Rhin, aujourd'hui détenu à la prison de l'Abbaye, à Robespierre l'aîné, Représentant du peuple français. (4 p. in-4°, sans indication de l'imprimerie [1].)

« De la prison de l'Abbaye, 18 pluviose, l'an second de la République une et indivisible.

« On T'a trompé, Robespierre ; Tu as été, sans le savoir, l'organe de la plus noire, de la plus absurde calomnie. Ton discours [2] sera lu dans toute la France, dans toute l'Europe ; je serai pendant quelque temps l'objet de l'exécration publique ; je serai regardé comme un monstre. Eh bien ! je sollicite une punition prompte et terrible, si je suis coupable des horreurs que l'on m'impute. Je Te conjure, au nom de la justice, au nom de la liberté, au nom de l'humanité, de presser mon jugement.

---

[1] Les exemplaires de cette lettre, que les amis de Schneider ont fait imprimer à Strasbourg, furent saisis. (Voir *Friesé, Vaterländische Geschichte,* t. V, p. 342.)

[2] Dans le Rapport de Robespierre sur les principes de morale politique (Strasbourg, de l'imprimerie des Représentants du peuple, fr. et all., 56 p. in-8°) on trouve le passage suivant, contre lequel Schneider proteste :

« Vous ne pourriez jamais imaginer certains excès commis par des contre-révolutionnaires hypocrites, pour flétrir la cause de la révolution. Croiriez-vous que dans les pays où la superstition a exercé le plus d'empire, non content de surcharger les opérations relatives au culte, de toutes les formes qui pouvaient les rendre odieuses, on a répandu la terreur parmi le peuple, en semant le bruit qu'on allait tuer tous les enfants au-dessous de dix ans et tous les vieillards au-dessus de soixante-dix ans ? que ce bruit a été répandu particulièrement dans la ci-devant Bretagne, et dans les départements du Rhin et de la Moselle ? C'est un des crimes imputés au ci-devant Accusateur public du tribunal criminel de Strasbourg. Les folies tyranniques de cet homme rendent vraisemblable tout ce que l'on raconte de Caligula et d'Héliogabale ; mais on ne peut y ajouter foi, même à la vue des preuves. Il poussait le délire jusqu'à

«Quoi! j'aurais répandu le bruit que la Convention nationale voulait égorger les enfants et les vieillards? moi, qui ai constamment lutté pour l'honneur de la sainte Montagne; moi, qui, par mes écrits et mes discours, ai sans cesse combattu les feuillants et les fédéralistes! moi, qui ai, le premier dans notre département, dévoilé les projets du marais! moi, qui ai le premier proposé à la Société populaire de Strasbourg une pétition tendant à obtenir un décret d'accusation contre Brissot et consorts! moi, qui, à l'époque du 10 août, et à celle du 31 mai, ai été le plus ferme appui de la représentation nationale! moi, qui ai été obligé de fuir pour me soustraire aux poignards des royalistes! moi, devant la maison de qui les fédéralistes ont brisé la guillotine, en demandant ma tête!

«J'aurais mis en réquisition les femmes! Mon cœur se révolte à cette atrocité. Non, jamais la calomnie ne s'est portée à une invention plus infernale! Toi-même ne pouvais y ajouter foi! Qu'elles viennent donc, ces femmes; qu'ils viennent, les témoins de mon héliogabalisme, et que le glaive de la loi tombe sur ma tête, si jamais j'ai persécuté l'innocence, opprimé le peuple, déshonoré la vertu.

«Encore une fois, Robespierre, en Ta qualité de Représentant du peuple, et de Membre du Comité de salut public, Tu peux accélérer mon jugement; en ta qualité de dénonciateur en face de l'univers entier, Tu es obligé de le faire.

«Sache que je ne suis pas un de ces patriotes éphémères, qui embrassent le parti le plus fort, et qui ne songent qu'à eux-mêmes; sache que, loin de faire la guerre aux bois sacrés, j'ai constamment prêché et exercé la tolérance religieuse; sache que la première cause de la haine que m'ont jurée certains soi-disant propagandaires, envoyés à Strasbourg par je ne sais qui, était la résistance efficace que j'opposais à leurs motions insensées et cruelles; sache que j'ai sacrifié ma fortune, mes veilles et tous mes moments à la chose publique; sache que j'ai déployé l'IN-CORRUPTIBILITÉ d'un vrai Républicain dans l'exercice de mes fonctions; sache que je ne sais ni ramper ni opprimer; sache que j'ai sauvé plus d'un patriote persécuté, que j'ai déjoué plus d'un projet liberticide;

---

mettre les femmes en réquisition pour son usage: on assure même qu'il a employé cette méthode pour se marier. D'où est sorti tout-à-coup cet essaim d'étrangers, de prêtres, de nobles, d'intrigants de toute espèce, qui au même instant s'est répandu sur la surface de la République, pour exécuter, au nom de la philosophie, un plan de contre-révolution, qui n'a pu être arrêté que par la force de la raison publique? Exécrable conception, digne du génie des cours étrangères liguées contre la Liberté, et de la corruption de tous les ennemis intérieurs de la République!»

sache que c'est moi qui ai empêché la Vendée dans notre département ; que c'est moi qui ai apaisé les troubles et les émeutes qui se sont élevés lors de la réquisition du peuple en masse ; que c'est moi qui ai forcé les assignats ; sache enfin que je suis né sans-culotte, que j'ai vécu sans-culotte, et je saurai mourir sans-culotte.

« Et Toi aussi, Tu as été un jour calomnié ; et Toi aussi, Tu as été peint comme un sanguinaire par la faction brissotine. Sans doute que ton cœur en a souffert ; sans doute que Tu as su gré à ceux qui ont rétabli ta réputation : or, ce que Tu veux qu'on Te fasse, Tu le feras à un autre. J'attends cette justice de Ta part. La justice ou la mort.

« *Euloge Schneider.* »

—

13 FÉVRIER 1794.

Billet adressé au citoyen K........, par E. Schneider.

« (Paris) de l'Abbaye, le 25 pluviose II.

« Tu ne liras pas sans intérêt l'imprimé ci-joint [1]. Tu y trouveras le langage d'un homme libre qui se voit attaqué par la plus infâme calomnie. J'en ai envoyé l'original à Robespierre et j'en suis sûr qu'il accélérera mon jugement. Je Te préviens que j'en ai envoyé 100 exemplaires à la Société des Jacobins, qui, je l'espère seront distribués ce soir. Tu voudras bien y faire attention, et me dire quel en a été l'effet. Je suis tout furieux contre ces scélérats qui ont si indignement trompé les Représentants du peuple. Mais leur temps viendra ! Salut. — Point de nouvelles de Strasbourg ? *Euloge Schneider.* »

—

15 FÉVRIER 1794.

Pétition du citoyen Zimmermann [2] au Comité de sûreté générale [3].

« (Paris) de l'Abbaye, le 27 pluviose II.

« Aux Représentants du peuple, composant le Comité de sûreté générale.

« Il y a près d'un mois, Représentants du peuple, que d'après un ordre de vos collègues St-Just et Lebas, j'ai été conduit ici et enfermé à l'Ab-

---

1 La pièce qui précède.

2 Natif de Germersheim, ancien professeur à Mayence, Commissaire du tribunal révolutionnaire dans le département du Bas-Rhin.

3 L'insertion de cette pièce intéressante sous le rapport de l'histoire de

baye. Fier de ma conscience et plein de confiance dans votre justice, j'ose me rappeler à votre souvenir et solliciter, non pas votre indulgence, mais un examen prompt et sévère de ma cause.

«Je suis du nombre de ces patriotes allemands, qui avant et à l'époque où vos armées victorieuses entrèrent dans l'empire germanique, ont embrassé avec chaleur, et soutenu avec fermeté la cause de la liberté. Un récit succinct de ma vie vous mettra à même de décider, si je mérite la captivité dans laquelle je gémis et les préventions qu'on a cherché à jeter sur mon compte.

Je suis né à Germersheim, à quatre lieues de Landau; après avoir fait mes études à Spire, à Mayence et à Heidelberg, j'ai embrassé l'état ecclésiastique, cédant aux instances d'une mère plus tendre qu'éclairée. Jeune encore, je sentis les abus du sacerdoce, et mes ouvrages publiés sur différents objets prouvent que j'ai toujours cherché à répandre la lumière et à briser les chaînes du despotisme sacerdotal. Aussi ai-je eu l'honneur d'être persécuté par les prêtres et les courtisans. J'ai enseigné la philosophie à Heidelberg, et les cabales que les Jésuites et leurs adhérents ont excitées contre moi, fournissent les preuves les plus sûres de mon dévouement à la raison et aux principes d'une morale pure et humaine.

«Après plusieurs années de combats et de persécutions, j'acceptai une cure dans la commune de Wisloch, petite ville du Palatinat. Mais cette retraite ne me mit pas à l'abri de l'intrigue et de la rage sacerdotale. On me regardait comme un propagandiste français. Je fus obligé de quitter ma cure, mes effets, toute ma fortune. La cour palatine me fit perdre un héritage de plus de 122,000 florins allemands, et celle de Bade me vola un tiers de 200,000 florins.

«Dans cette position affreuse, je tournai mes yeux vers la France et j'allais chercher un asile dans son sein, lorsque Custine entra et prit Mayence. J'avais préparé les esprits d'une grande partie de mes anciens compatriotes, en prêchant partout les principes de la liberté et en faisant distribuer avec profusion des imprimés révolutionnaires.

«Les armées françaises étant entrées à Mayence, je crus devoir donner au général, qui les commandait, tous les renseignements nécessaires sur la position de l'ennemi. Je fis des voyages à cet effet; j'indiquai à Custine des magasins à prendre ou à brûler, et s'il avait écouté mes conseils, les immenses magasins de Heidelberg et de Heilbronn seraient tombés au pouvoir des Français. Je serais infailliblement parvenu à lui faire

---

l'époque, nous paraît motivée parce que l'original de cette pétition est écrit de la main de Schneider qui l'avait aussi rédigée.

ouvrir les portes de Mannheim, si le traître n'avait pas eu juré la perte de la République. Je n'ai rien négligé pour lui dessiller les yeux sur la neutralité perfide de la cour palatine, tous les patriotes l'attendaient à bras ouverts ; mais il se borna à de vaines promesses, et j'eus la douleur de perdre mes travaux et mon argent.

«Le territoire occupé par les armées françaises entre Landau et Mayence fut décrété partie intégrante de la France : Les Commissaires nationaux et ceux du pouvoir exécutif me confièrent le poste important de Président de l'administration du pays connu sous le nom de Linanges-Türckheim. Je m'en acquittai avec zèle et fidélité et sans aucune récompense, autre que celle d'avoir servi la cause de la liberté.

«Les troupes françaises ayant été obligées, par la trahison de Custine, d'évacuer le pays, dont l'administration me fut confiée, je fus obligé de quitter pour la troisième fois mes effets et mes propriétés, pour chercher un asile en France, contre les tyrans, qui m'auraient infailliblement puni par une mort ignominieuse, si j'étais tombé en leur pouvoir. Hélas, je ne m'attendais pas alors au sort terrible, qui m'était préparé dans ma patrie adoptive.

«Arrivé à Strasbourg, je cherchais à me rendre utile, en instruisant le peuple dans les séances de la Société, en dévoilant les traîtres et en peignant l'atrocité des barbares et de leurs vils despotes. Les Corps administratifs, connaissant mon zèle et ma loyauté, me confièrent plusieurs commissions importantes dans les différents endroits du département, dont je me suis toujours acquitté avec fermeté et prudence. J'ai cherché à ranimer le patriotisme des campagnards, en prêchant les principes de la révolution, et en fondant quelques sociétés populaires dans les chefs-lieux des cantons. Nommé par la commune de Bouxwiller [1], pour porter son vœu de l'acception de la Constitution, je me rendis à Paris, où j'ai rendu plus d'un service à la chose publique, soit en donnant des renseignements précieux aux Représentants du peuple, soit en déposant devant le tribunal contre le traître Custine ; à mon retour, j'ai rempli avec énergie la tâche importante, dont les députés des assemblées primaires étaient chargés relativement à la réquisition de la première classe. J'ai surveillé les frontières, et c'est peut-être à cette surveillance que la patrie est redevable d'avoir conservé un poste essentiel dans les gorges de Breitenstein, près Bitsch, abandonné lâchement par un bataillon.

---

[1] Dans l'édition allemande du Livre bleu (t. II, p. 332) se trouvent des observations de Clauer, relatives à la gestion du Commissaire Zimmermann à Bouxwiller.

«Je fus arraché à ces occupations par un mandat d'arrêt lancé contre moi par les agents du Comité de correspondance secrète. Cette arrestation était proposée par une lettre fabriquée par un scélérat [1], qui voulait sacrifier plusieurs patriotes à sa haine personnelle. On mit le scellé sur mes papiers, ainsi que sur ceux de plusieurs autres citoyens également arrêtés : le tribunal chargé de l'examen de cette affaire a bientôt reconnu mon innocence, et le fabricateur de cette lettre infâme a subi la peine dûe à ses forfaits.

«Cette persécution n'a fait qu'augmenter mon courage et mon activité pour la chose publique. Un village, dit Allenweiler, s'étant révolté à l'occasion du mariage de son curé constitutionnel, le tribunal révolutionnaire établi par les Représentants du peuple à Strasbourg, m'a envoyé commission pour informer des faits, apaiser les troubles et exécuter la loi, qui ordonnait à toute commune, qui persécutait son prêtre pour cause de mariage, de lui payer les revenus annuels de sa cure. Je m'acquittai de cette commission, j'ai rétabli le calme, j'ai arraché un patriote des mains des assassins, et j'ai fait arrêter les instigateurs des troubles et exécuter la loi. Cette conduite méritait les suffrages de tout citoyen qui connaissait la position critique dans laquelle se trouvait alors cette partie du département à la proximité de l'ennemi. Cependant on l'a taxée d'arbitraire, et l'on a été plus facile à accueillir les plaintes perfides des fanatiques conspirateurs qu'à entendre les raisons légitimes, qui avaient nécessité une rigueur salutaire. Cette commission finie je me suis porté, d'après l'ordre du même tribunal révolutionnaire, dans les communes les plus voisines de l'ennemi, aux fins de transporter les subsistances à Strasbourg, d'arrêter les gens suspects et surtout d'exécuter la loi bienfaisante sur le maximum.

«Assisté d'un petit détachement de 24 hommes à cheval, j'ai travaillé avec un zèle infatigable pour remplir les prisons du tribunal. Jamais je n'ai opprimé les patriotes; mais j'ai été sévère envers les ennemis de la République et notamment envers les avilisseurs des assignats. Citoyens! on a blâmé à vos yeux le tribunal révolutionnaire, et cependant j'ai la conviction intime, je le dis ici et je le répéterais sur l'échafaud, que ce tribunal a sauvé le département en rétablissant les assignats et en comprimant les conspirateurs, dont le fanatisme avait peuplé les campagnes. Il fallait voir l'état affreux où se trouvait alors la chose publique dans ces contrées, pour apprécier le mérite du tribunal et de ses Commissaires.

---

[1] Voir cette lettre, Livre bleu, t. I, p. 130.

«Plusieurs riches cultivateurs avaient quitté leurs foyers, pour se joindre aux ennemis. J'ai fait enlever leurs grains et leurs effets ; j'ai déterré plus d'un million qui s'était soustrait à la vigilance des Corps administratifs. J'ai fait arrêter les municipaux, complices des émigrés, et si cette rigueur m'est imputée comme un crime, je dis hautement que je ne m'en repentirai jamais, car c'est elle qui a contribué à sauver la chose publique. Aussi l'armée, jadis dissoute par le discrédit des assignats et par la misère qui en était la suite, regarda l'armée révolutionnaire comme son sauveur et lui témoigna sa reconnaissance fraternelle, toutes les fois que notre marche rapide nous approchait du camp et du cantonnement sur le Kochersberg.

«D'où vient cette étrange persécution qui nous plongea dans les fers ? C'est la haine implacable, que des hypocrites ont jurée aux patriotes les plus marquants du Bas-Rhin. C'est la jalousie d'un homme misérable, qui, présenté par le citoyen Schneider, Commissaire civil, pour être membre d'une Commission particulière établie à Saverne, s'est dans la suite réuni à ses ennemis pour le perdre. Cet homme-là s'appelle Genêt, Procureur de la commune de Wissembourg, alors réfugié à Strasbourg. Nommé par vos collègues, St-Just et Lebas, pour examiner notre conduite, il a déployé dans cette affaire une partialité et une animosité, qui ne prouvent que trop ses intentions perfides. Il n'a jamais voulu faire usage des papiers qui pouvaient servir à ma justification, il n'a ramassé que ce qui pouvait fournir des prétextes contre moi et mes frères d'armes. Il s'empara de plusieurs certificats et quittances qui sont nécessaires à ma décharge. Enfin, je fus conduit à Paris, où je languis depuis un mois, sans connaître les motifs de ce traitement.

«C'est ainsi qu'on m'a récompensé pour les dangers que j'ai courus, pour les sacrifices que j'ai faits, pour les approvisionnements que j'ai fournis et pour les trésors que j'ai déterrés

«Mais l'innocence peut être opprimée pendant quelque temps; elle ne peut pas l'être toujours. Un jour viendra où je confondrai mes calomniateurs et ceux des autres patriotes impliqués dans cette affaire. Je vous conjure, citoyens Représentants, de l'accélérer, ce jour heureux. Je ne demande d'autre bienfait que celui d'être jugé. Puisse mon malheur ouvrir les yeux sur les manœuvres des intrigants, qui, partout et depuis longtemps, s'attachent à perdre les plus purs et les plus ardents défenseurs de la liberté.

«Salut! Vive la République une et indivisible.

«*Euloge Schneider.*   *Zimmermann.*»

———

26 FÉVRIER 1794.

Lettre écrite le 8 ventose, an second de la République française, une et indivisible, au Comité de salut public de la Convention nationale, par les Administrateurs composant le Directoire du département du Bas-Rhin, en réponse aux mensonges et aux impostures répandues dans un écrit intitulé : *Euloge Schneider, ci-devant Accusateur public près le tribunal criminel du département du Bas-Rhin, aujourd'hui détenu à la prison de l'Abbaye, à Robespierre l'aîné, Représentant du Peuple français* [1]. Strasbourg, Levrault, imprimeur du Département. 7 p. in-4° [2].

«Euloge Schneider, tout couvert de ses crimes, vient encore de mentir à l'univers, du fond de sa prison. Constant dans ses perfidies, il emprunte le langage de l'innocence foulée ; il crie à l'oppression, à l'injustice. Ne vous y trompez pas : la candeur est sur ses lèvres, mais la rage et la mort sont dans son âme : c'est un reptile qui embrasse étroitement sa victime, et qui déjà a choisi l'endroit fatal auquel il destine son dard meurtrier. Il ose attaquer Robespierre, il pousse l'impudence jusqu'à paraître solliciter un prompt jugement. Ah ! que ses vœux trompeurs ne sont-ils exaucés ! la terre de la liberté serait déjà délivrée d'un monstre. Mais non, cet homme profondément pervers, invariable dans son plan de contre-révolution, cherche encore sous le couteau même de la loi, à perfectionner ses fureurs ; il veut ranimer l'espoir et les forfaits de cette horde impure de prêtres étrangers, de nobles et d'intrigants, dont il a inondé le département du Bas-Rhin. Il feint de ne pas croire à la force et à la solidité de la raison publique.

«La calomnie, dit ce prêtre autrichien, la calomnie la plus noire va le livrer à l'exécration publique. Eh ! qu'il démente donc les faits nombreux que la vérité et la juste horreur qu'il a inspirée ont rassemblés contre lui. Qu'il nie, et il l'osera peut-être, car le crime est sans pudeur, qu'il nie les longues et dégoûtantes preuves de ses atrocités, amoncelées dans les rapports et dans les procès-verbaux, tous authentiques, qui ont été envoyés au tribunal révolutionnaire de Paris.

---

1 Voir p. 142.

2 Cette lettre se trouve aussi insérée dans le Livre bleu, t. I, supplément p. 12.

«*Il a seul combattu les feuillants et les fédéralistes, il a le premier dévoilé les forfaits du marais, il a seul sollicité le décret contre Brissot ; il a seul protégé la représentation nationale, aux époques du 10 août et 31 mai.*

«Qu'ont donc fait dans ce département les Monet, les Teterel, les André, les Mougeat [1], les Mainoni, les Edelmann et tant d'autres ? Qu'a donc fait la Société populaire de Strasbourg, cet imperturbable défenseur de la montagne ? Qu'ont donc fait les Représentants du peuple successivement envoyés près de nous ? C'est bien là le faux révolutionnaire, dont Robespierre parle avec tant de sublimité, découvrant quelquefois des complots découverts, arrachant le masque à des traîtres démasqués. N'oubliez pas que c'est le scélérat Dietrich qui l'a appelé dans les murs de cette ville, comme l'instrument le plus mortel pour une patrie que dès-lors il voulait déjà trahir. Paraissez, citoyennes de Barr, qu'il a mises en réquisition pour Funck, prêtre autrichien ; fille intéressante et malheureuse, qu'il fit demander à son père, à une heure du matin, d'un ton à ne point craindre de refus, pour partager son lit de débauche ; vous toutes qu'il a successivement souillées de ses impuretés ; toi surtout, vertueuse épouse, dont le mari fut un instant victime de ses vœux rejetés avec horreur : et répondez.

«Les ombres plaintives de tes victimes, oppresseur sanguinaire et détesté, s'empressent autour du temple de l'éternelle justice, et crient vengeance. Vois ce malheureux que tu fis guillotiner parce qu'il avait une jambe de bois, et que, disais-tu avec une ironie exécrable, il ne pouvait point servir dans les ports de la République. Entends-tu la voix encore menaçante de ce capitaine de gendarmerie, que tu vouas au couteau national, pour jouir de ses pistolets et du produit de ses chevaux ? Écoute les longs gémissements de cette femme qui ne dut sa mort qu'à ton désir de posséder ses meubles. Faudra-t-il te rappeler ces cultivateurs ignorants et faibles, ce ministre sexagénaire de Dorlisheim, ce citoyen d'Epfig, que ta rage a frappé de mort ? Il doit te souvenir de cette infortunée que tu fis périr à Sélestatt, avec le fruit précieux qu'elle portait dans son sein. Tu n'a pas oublié non plus cette illumination insultante que tu ordonnas dans une de tes entrées triomphales à Sélestatt ; cette imposition forcée que tu exigeas pour doter un de tes prêtres ; enfin ces dépouilles de la mort dont tu t'environnais, et qui réjouissaient avec délices ton âme atroce et insatiable du sang français. Ah ! que n'imitais-tu plutôt

---

[1] C'est le même Mougeat qui a eu l'impudence de signer cette lettre. (*Note de l'éditeur du Livre bleu.*)

ton digne complice, le prêtre Taffin : il ne put résister au remords rongeur d'avoir partagé une partie de tes forfaits ; il devança la mort qui l'attendait avec toi à l'échafaud. Que Schneider ne se glorifie point d'avoir fait respecter les assignats, d'avoir quelquefois fait tomber la tête des coupables : c'est qu'un hasard heureux unissait alors la cause publique avec la cause toujours préférée de ses rapines et de ses vengeances. Que dira-t-il de ce brasseur de Strasbourg, qui ne dut qu'à son or et à sa bonne chère, la remise d'une amende exigée d'abord avec toute la rigueur? de ce garçon cordonnier, auquel il arracha par la terreur le modeste fruit de ses épargnes de plusieurs années? de ce meunier de Foudays, dont il vola le porte-feuille à Barr? de tant d'autres enfin dont les noms sont sous les yeux de ses juges?

«Et il cite son *incorruptibilité* dans ses fonctions, son amour du peuple! La vertu fut toujours un supplice pour lui. Nous ne parlerons pas ici de ses autres violences, des taxes arbitraires qu'il a perçues et fait percevoir, de cet essaim de prêtres allemands qu'il a mis dans tous les postes publics ; du déplacement arbitraire des patriotes, qu'il a ordonné de son chef, pour placer ses indignes créatures ; enfin d'une multitude d'attentats exercés contre l'innocence, contre le peuple, contre la vertu, tous conçus par la corruption et par sa perfide coalition avec les cours étrangères : le Résumé impartial publié par le Comité de surveillance générale de cette commune[1], rend compte de toutes ces trames criminelles.

«Sa doctrine était de perdre la République par la République. C'est ainsi que nous avons vu cet étranger, vomi sur nos terres par le crime, disséminer le germe de la guerre civile, attiser le feu du fanatisme, prêter des armes à l'aristocratie contre le patriotisme, répandre partout une terreur meurtrière, bouleverser tout, persécuter tout, créer les haines et les divisions, avilir la Représentation nationale dans la personne de ses députés près l'armée du Rhin, et ne frapper que les personnes qui n'étaient point assez riches pour acheter ses jugements et intéresser sa cupidité, ou qui n'étaient point assez séduisantes pour allumer sa luxure, ou assez viles pour s'y abandonner.

«Dans sa lettre à Robespierre aîné, qu'il a eu le front de faire imprimer ici dans les deux langues, et dont nous avons sagement arrêté la publication, il est assez déshonté pour parler du sacrifice de sa fortune, de son temps, de ses écrits à la chose publique. On vient de voir quel usage odieux il faisait des uns, et par quels moyens étonnants il savait augmenter l'autre.

---

[1] Voir p. 133.

Ce n'était plus, dans ces derniers moments, cet homme arrivé à Strasbourg avec les haillons de la pauvreté et l'extérieur étique de la misère ; cet homme qui se décorait d'un dehors modeste, qui s'annonçait avec des mœurs douces, des qualités séduisantes : c'était toute l'arrogance de la tyrannie, toutes les fureurs des passions de tous genres, toute l'insolence de la richesse. Il avait alors atteint le but de sa première hypocrisie ; il était puissant, il était craint. C'était Sixte-Quint devenu pape.

«Un tel homme ne pouvait pas avoir cette fierté de caractère qui distingue le républicain et l'homme vertueux. Aussi avec quelle bassesse ne l'avons-nous pas vu ramper, selon les circonstances, dans la cour de Dietrich, dans le conseil du ci-devant évêque, aux assemblées électorales, dans les sections, dans les clubs, et auprès des Représentants, jusqu'à ce qu'enfin, arrivé à force de souplesse, de perfidies et d'abjections, au point qu'il ambitionnait, il se crut assez grand, assez soutenu, pour faire trembler tout, jusqu'à ses protecteurs même.

«La Vendée naissait, dit-il, dans le département, et il prétend l'avoir empêchée ! C'est encore une de ces impostures dignes de sa conception funeste : mais vous n'y croyez pas. L'on sait toutes les tentatives machiavéliques qu'il a faites pour allumer le tison de la guerre civile. On sait que c'est lui qui a outré avec fureur toutes les lois sur la réquisition du peuple en masse et sur la philosophie des cultes. On sait qu'il prêchait le meurtre dans les campagnes ; que ses exécrables complices, d'accord avec ses projets homicides, avaient répandu la terreur dans l'âme du paisible cultivateur ; qu'ils tentèrent inutilement de forcer à l'insurrection un peuple docile et bon. Et à qui doit-on attribuer cette inconcevable et malheureuse émigration de près de cinquante-mille âmes dans deux districts seulement ? La terreur a fait fuir ces familles nombreuses : la terreur était mise à l'ordre du jour par ce moderne Caligula, qui désirait qu'elles n'eussent toutes qu'une seule tête pour la faire tomber d'un coup de hache.

«C'est avec répugnance que nous vous retraçons cette longue suite de forfaits et de crimes. Si Schneider n'avait exercé qu'une autorité ordinaire dans notre département, s'il n'y avait pas déployé toute la rage des passions les plus envenimées et des vengeances les plus exaspérées ; si nous n'avions pas découvert dans sa conduite impudente et audacieuse, toutes les traces d'un système nouveau de conspiration contre la liberté et contre l'unité et l'indivisibilité de la République ; si ses adhérents ne préparaient pas avec leurs fureurs renaissantes de nouveaux maux à la patrie ; si enfin la conviction née d'une funeste expérience ne nous disait pas que tout est perdu, si ce monstre est déchaîné ; nous nous serions condamnés au silence.. Mais il fallait décider entre un homme et la patrie ; notre choix ne pouvait plus être douteux.

«*Saget*, Président ; *Mougeat, Jæquy, Judée, Carey, Wagner,* Administrateurs ; *Barbier,* Secrétaire-général.

«Les Administrateurs du Directoire du District de Strasbourg attestent la vérité des faits contenus dans la lettre ci-contre.

«Strasbourg, le 8 ventose, seconde année de la République, une, indivisible et démocratique.

«*Schatz*, Président ; *Bury, Mainoni,* Agent national ; *Gosset,* Secrétaire-adjoint.

«Collationné et imprimé par ordre du Département du Bas-Rhin.

«*C. Barbier*, Secrétaire-général.»

———

(Comment a-t-on pu porter ces accusations devant le Comité de salut public, présidé par Robespierre ? Comment a-t-on osé le faire en présence des Représentants de notre département, St-Just et Lebas ? De ce St-Just surtout qui, deux jours après l'installation de la Commission du tribunal révolutionnaire, a demandé à son Président Taffin, combien de têtes la Commission avait fait tomber depuis. «Aucune ,» répondit le Président, « mais nous avons travaillé à faire respecter les assignats.» — «Comment ,» lui répliqua St-Just, «depuis deux fois vingt-quatre heures en fonctions, et point encore fait sauter vingt-quatre têtes ? Va dire à ta Commission que si elle ne veut pas faire tomber de têtes, je ferai abattre les leurs et cela sans retard. Vous n'avez pas été nommés pour forcer le cours des assignats, mais pour exterminer les aristocrates dont ce département fourmille.»

Ne serait-on pas fondé de penser, après la lecture de cette lettre, qu'après que Schneider eut quitté la scène, les jugements à mort eussent cessé ; mais l'on se tromperait, car deux fois plus de têtes sont tombées après sa chute [1].

Nous croyons devoir citer ici le passage suivant, extrait des *Époques les plus importantes de la révolution dans le département du Bas-Rhin, sous le triumvirat des tyrans Robespierre, St-Just et Couthon, par J. D. Wolff,* p. 69 : «Schneider a fait juger à mort vingt-neuf à trente

———

[1] Voir la note p. 4.

personnes; nommez-moi parmi ceux-ci un seul ami de la patrie; il a imposé des sommes d'argent à beaucoup de citoyens. Oui, amis, s'il eut fait guillotiner tous ceux qu'il a imposés extraordinairement, si au lieu de trente hommes il eut fait périr vingt-mille, à l'instar de la Commission de Nantes, vraiment il serait resté l'ami de Robespierre, de St-Just et de Lebas et sa tête ne serait tombée qu'après la mort de ces exécrables tyrans. Monet, Mainoni, Teterel et Mougeat l'eussent adopté dans leur confrérie. »)

---

6 MARS 1794.

Lettre adressée au citoyen K . . . . . . , négociant à Paris, par E. Schneider.

«(Paris), le 16 ventose II.

«Le frère K . . . . . . est prévenu que j'ai été interrogé ce matin. J'aurai donc dorénavant la satisfaction de Te voir ainsi que Ton épouse, si Vous voulez bien en demander la permission à l'Accusateur public.

«Mes affaires vont bien : j'espère bientôt voir triompher l'innocence et le patriotisme. Vive la République.   *Euloge Schneider.* »

---

9 MARS 1794.

DU MÊME AU MÊME.

«(Paris), le 19 ventose II.

«Mon cher ami,

«Tu ne viens pas me voir! Et Tu sais que le jour de mon jugement approche! Ne tarde plus, je T'en conjure! L'Accusateur public ne Te refusera pas la permission de me voir, ou bien Tu me le marqueras. Je lui ai écrit hier, et je l'ai prié de faire venir les témoins dont il a besoin pour éclairer la religion des Juges. Il y en a ici qui doivent être entendus aussi, parce qu'ils me connaissent depuis longtemps. J'ai tant de choses à Te dire! puisqu'il s'agit de la vie et de l'honneur d'un patriote, Ton frère, et de la bonne cause en général. Un mot de réponse! Je Te tends les bras.   *Euloge Schneider.*

«*P. S.* Tu demanderas la permission pour Toi et Ton épouse, parce que Tu pourrais souvent T'absenter. »

---

11 MARS 1794.

Permis accordé par l'Accusateur public Fouquier, pour communiquer avec E. Schneider.

TRIBUNAL CRIMINEL, EXTRAORDINAIRE ET RÉVOLUTIONNAIRE,

ÉTABLI AU PALAIS, A PARIS, PAR LA LOI DU 10 MARS 1793, L'AN II DE LA RÉPUBLIQUE.

Accusateur public.

«Le citoyen gardien de la maison d'arrêt de la Conciergerie laissera communiquer le citoyen K......, demeurant rue des Prouvaires nº 656, muni de sa carte nº 1977, fol. 29, et la citoyenne son épouse, avec Euloge Schneider, actuellement détenu en la dité maison, trois fois par décade.

«Fait à Paris, le 21 ventose de l'an deux de la République.

(Cachet en cire rouge.) «*A. G. Fouquier.*»

———

10 AVRIL 1794.

Jugement rendu par le Tribunal révolutionnaire de Paris contre Euloge Scheneider [1], le 21 germinal an II de la République française une et indivisible [2].

(*Les notes relatives à ce jugement se trouvent à la fin de cette pièce.*)

«Euloge Scheneider, âgé de 37 ans, natif de Wipfeld, prêtre allemand, vicaire épiscopal de Strasbourg, ci-devant Accusateur public près le tribunal criminel du département du Bas-Rhin, puis Commissaire ci-

———

1 Le nom de Schneider est écrit ainsi dans le texte original.

2 Le jugement de Schneider se trouve inséré dans le Moniteur nº 201 du 21 germinal II de la manière suivante :

«Euloge Scheneider, prêtre allemand, vicaire épiscopal à Strasbourg, ci-devant Accusateur public du tribunal criminel du département du Bas-Rhin, Commissaire civil à l'armée révolutionnaire, convaincu de manœuvres tendantes à favoriser les projets hostiles des ennemis extérieurs, etc. etc., condamné à la peine de mort.»

vil près de l'armée révolutionnaire du dit département, accusé d'avoir conspiré contre la République, contre la liberté et la sûreté du peuple français, en se rendant coupable de prévarications dans ses fonctions, d'abus d'autorité et de pouvoir, d'oppression des patriotes, d'entreprises arbitraires et d'injustices de tous genres.

«Ce prêtre allemand vint, en 1791, en France et fut de suite un fidèle partisan du scélérat Fr. Dietrich [1], alors Maire de Strasbourg. Après sa nomination aux fonctions d'Accusateur public, il ne prêtait son oreille qu'aux délations des prêtres autrichiens, des nobles et d'autres intrigants. Le département se trouvait alors inondé de ces êtres, un grand nombre d'entre eux furent placés par lui et il n'assassina que pour s'enrichir des dépouilles de ses victimes [2].

«Pour se soustraire aux violences de cet anthropophage et de cette sangsue, plus de cinquante mille personnes se sont expatriées [3].

«L'accusé prononça des amendes de cinq à cinquante livres sous les futiles prétextes d'égoïsme, de refus de logement militaire, de port de cocardes trop petites dans la coiffure des femmes. Il poussa même l'effronterie jusqu'à s'approprier ces amendes [4].

«Pour marier une de ses créatures, un prêtre autrichien nommé Funch [5], et lui faire une fortune, il fit mettre en réquisition pour ce prêtre toutes les jeunes citoyennes du canton de Barr. Après que ce prêtre eut choisi une fille, l'accusé ordonna de faire une collecte au bénéfice des fiancés et il déclara qu'une liste des donateurs serait dressée et que tous ceux qui n'auraient rien donné seront traduits devant le tribunal révolutionnaire.

«Une jeune, riche et aimable citoyenne attira l'attention de l'accusé; à 1 heure du matin il détacha des hommes armés, qui se rendirent, accompagnés de plusieurs membres du tribunal révolutionnaire, chez le père de cette fille pour lui annoncer que l'accusé était intentionné d'épouser sa fille et qu'il devrait la lui laisser ensuivre sans aucun refus. Ce fut ainsi que l'accusé força le père de livrer sa fille à la lubricité d'un étranger [6].

«Tous ces faits furent prouvés par des pièces authentiques dont la force probante n'a pu être affaiblie par l'accusé, malgré tous les efforts qu'il fit.

«Après avoir entendu l'Accusateur public et le défenseur officieux, les débats furent clos et le tribunal des jurés reconnut unanimement sur les questions à lui soumises, que 1o depuis le commencement de l'année 1791 et notamment en l'année 1793, des complots furent ourdis dans le département du Bas-Rhin, pour favoriser par tous les moyens possibles

les plans de conspiration des ennemis intérieurs, mais surtout en cherchant à ébranler la fidélité des citoyens envers tout le peuple français et à les insurger contre les pouvoirs légitimes par des complots coupables concertés entre le contre-révolutionnaire Dietrich et les prêtres allemands et encore par des concussions, par des oppressions immorales et cruelles, en opprimant, volant et assassinant les patriotes par un abus révoltant et sanguinaire du nom et des pouvoirs de Commissaire révolutionnaire et en ravissant l'honneur, la fortune et la tranquillité à des familles paisibles. Que 2º Euloge Scheneider est convaincu d'être l'auteur principal ou le complice de ces crimes.

«Enfin, l'Accusateur public [7] ayant été entendu sur l'application de la peine, le tribunal condamne, en conformité des lois régissant ces crimes, Euloge Scheneider à la peine de mort et déclare sa fortune échue à la République [8].»

Nous ajoutons ici les notes qui se trouvent dans *Eulogius Schneider's Schiksale in Frankreich*, p. 215 et suiv., au sujet de ce jugement.

1) «Le jugement entier n'est que l'œuvre des ennemis de Schneider, et ils furent assez impudents pour inventer tous les crimes dont ils l'accusent et qui ne sont pas plus vrais que celui-ci *«que Schneider fut un fidèle partisan du scélérat Dietrich»*. En effet, le jugement contient presque mot pour mot les accusations forgées contre Schneider par Monet, Teterel, St-Just et consorts à Strasbourg.»

2) «Quelle belle série de mensonges! Ce qu'il y a de vrai, c'est que Schneider a appelé en France plusieurs ecclésiastiques allemands, mais dans l'intérêt seul de la cause de la liberté, qui a dû être propagée en Alsace par des prêtres moins fanatiques et plus instruits. MM. St-Just et consorts ne virent dans tous les Allemands que des Autrichiens, c'est une preuve de leurs connaissances en géographie. Schneider est accusé d'avoir avantagé les nobles, mais son amour pour la noblesse est connu! — Il n'accorda de places à personne que sur la proposition de son ennemi Monet et consorts.»

3) «Infâme mensonge! Ces gens émigrèrent lors de la retraite des Autrichiens de l'Alsace, de peur de la vengeance des soldats français qui poursuivaient l'ennemi. Les inventeurs de ce mensonge dirent quelques jours plus tard dans une proclamation signée par les Représentants Lacoste et Baudot, qu'ils publièrent à propos de l'établissement du nouveau tribunal révolutionnaire, que le grand nombre de campagnards qui avaient quitté le pays, étaient des émigrants, des ennemis de la patrie, des aristocrates, et que les personnes qui étaient restées chez elles

n'étaient pas moins coupables que leurs amis, parce qu'ils refusaient de changer leur argent monnayé contre des assignats. »

4) « Ceci est encore entièrement faux. Ce ne fut pas Schneider, mais Clavel qui parcourut les rues de Strasbourg à cheval et qui fit ce dont on accuse Schneider. Quelque ridicules et blâmables que fussent ces exploits, ils furent journellement approuvés au club et l'auteur fut encouragé à se montrer toujours plus actif. Cependant quelques jours après on fit imprimer que c'étaient des crimes méritant la mort. »

5) « Le véritable nom de ce prêtre est Funck ; il ne fut pas Autrichien, mais Liégeois. Il se maria comme ci-devant prêtre à Barr, lorsque Schneider se trouvait précisément dans cette ville. Ce dernier fit la motion au club que des personnes bien pensantes devaient faire des présents de noce aux nouveaux mariés pour monter leur ménage, et effectivement ils reçurent des présents de plusieurs habitants de Barr. Voilà toute l'affaire. Funck, mis en prison, y mourut pendant l'été de 1794. »

6) « Schneider, se trouvant de nuit avec plusieurs personnes de sa connaissance dans le voisinage de Barr, y envoya un gendarme avec une lettre au citoyen Stamm, par laquelle il lui demandait la main de sa fille, toutefois à une heure mal choisie. La famille, dans la supposition que ce soldat était envoyé pour faire des arrestations, fut effrayée. Elle donna de suite son consentement, sous la réserve de celui de leur fille. Le lendemain Schneider se présenta lui-même et fit sa demande personnellement. Les parents se réjouirent de pouvoir le nommer leur fils et la fille promit d'accepter sa main avec grand plaisir.

« L'idée de se marier fut suscitée à Schneider par le décret que les prêtres devaient se marier, et ce fut à l'instigation de ses amis qu'il se décida à le faire d'un instant à l'autre. Après le consentement des parents et de la fille, il se maria et partit avec sa jeune femme qui l'aimait tendrement et le respectait beaucoup, pour Strasbourg. Il la présenta à sa cœur et à ses amis, et fut arrêté et emprisonné dans la nuit. Quoique ses ennemis employassent tous les moyens, ils ne purent cependant jamais parvenir à extorquer de cette femme une déposition contre son mari et le témoignage en sa faveur écrit de sa main fut supprimé par eux. »

7) « Fouquier-Tainville, guillotiné une année plus tard avec quelques-uns de ses complices. »

8) « Dans le *Journal du Tribunal révolutionnaire de Paris* il est dit (3ᵉ cahier, p. 75) :

« Supposé que tous les faits que l'on reproche à Schneider soient vrais, l'accusation dirigée contre lui, qu'il a été le complice de Dietrich, est fausse, car il était son persécuteur acharné. »

30 AVRIL 1794.

Extraits du Discours sur la conjuration de l'étranger dans le Bas-Rhin, prononcé à la Société populaire de Strasbourg, le 11 floréal de l'an second de la République française, une et indivisible, par P. F. Monet [1]. Strasbourg, 32 p. in-8°.

Nous avons cru nécessaire de communiquer les passages de ce discours relatifs à Schneider. Le règne tyrannique de Monet ne fut que plus assuré depuis que Schneider n'existait plus.

«....Les féroces esclaves de l'Autriche menaçaient encore ce boulevard de la République lorsque des Représentants du peuple, fidèles à la mission qui leur était confiée, déjouaient dans ses murs les conspirations ténébreuses, réveillaient l'énergie républicaine et armaient la probité

---

[1] Voici en quels termes l'auteur du Livre bleu (t. I, p. 8) s'exprime sur le compte du Maire Monet :

«P. F. Monet, dont le souvenir exécré passera de race en race aux générations futures, natif de Nanci-sur-Cluse, en Savoie, âgé de vingt-quatre ans, fut d'abord nommé membre du Directoire du Département, et quelques jours ensuite, Procureur-général-syndic. Il joignait à l'audace de la jeunesse toute la dissimulation d'un scélérat vieilli dans le crime. C'est lui qui, devenu le chef de la faction dominatrice qui allait régner sur la commune de Strasbourg, sacrifia successivement tous ceux qui voulurent s'opposer à ses vues ambitieuses, et consomma tous les forfaits....

«Monet et sa faction obtinrent des nouveaux Représentants arrivés à Strasbourg, la destitution de la Municipalité. Il se fait nommer Maire et ses accolytes remplissent les places vacantes dans le Conseil général de la commune. Les autres Corps administratifs se trouvaient déjà, pour la majorité, composés de gens à sa dévotion ; il était l'oracle de la Société populaire, dont il était parvenu à exclure la majorité des bons citoyens ; il ne lui restait plus qu'à écarter des fonctionnaires publics tous ceux qui auraient pu contrarier ses vues ambitieuses, pour consommer ensuite tranquillement les plans de vengeance et de destruction qu'il méditait....

«Après la chute de Robespierre, la Convention nationale envoya le Représentant Foussedoire en mission à Strasbourg, auquel les citoyens portèrent tant de plaintes contre Monet, que ce Représentant fut obligé de le remplacer comme Maire.»

Nous renvoyons nos lecteurs au second tome du Livre bleu, p. 1-8, pour y lire le procès-verbal dressé des effets trouvés dans les appartements de l'ex-Maire Monet.

contre le vice en frappant le monstre, qui victimait l'innocence sous les dehors de la justice et de l'amour de la patrie.

«Leur fermeté, la sagesse de leurs mesures devaient rallier autour d'eux tout ce qu'il y avait d'hommes purs et révolutionnaires. La patrie était au bord du précipice; qui ne devait seconder leurs travaux libérateurs? ils trouvèrent néanmoins de l'opposition dans ceux-là mêmes, qui avaient paru jusqu'alors embrasser avec le plus de zèle les moyens propres à contenir les ennemis de l'intérieur; ils furent accusés d'inconsidération, de barbarie; la démence fut poussée jusqu'à leur supposer des vues criminelles et l'on s'étaya, en cette circonstance, d'un système perfide d'indulgence et de relâchement combiné, suivant les apparences, avec la dernière conspiration qui vient d'être étouffée dans le sang de ses chefs....

«....Une faction puissante venait de se former; Schneider en était l'âme. Pour réussir dans ses projets il s'attacha principalement à ravir la confiance du peuple aux Représentants et à ceux qui agissaient dans leur sens et leurs principes. Les uns, à l'en croire, n'étaient venus dans le Bas-Rhin, parés des couleurs d'un civisme exalté, que pour sacrifier sans obstacle les bons citoyens; les autres étaient des hommes équivoques, qui par leurs intelligences avec l'ennemi, livraient bientôt la frontière de la France; Jung, marchant sur ses traces, exhalait en énergumène les féroces imprécations de la rage contre ces Représentants, pendant que d'autres répétaient publiquement qu'ils avaient déjà fait les préparatifs de leur voyage, afin de n'être pas pris au dépourvu lorsque l'on viendrait arrêter les patriotes de quatre-vingt-neuf.

«Tel était le degré de prévention dirigée contre Lebas et St-Just, que leurs noms ne pouvaient se prononcer à la Société populaire sans que des cris d'indignation ne partissent d'un coin des tribunes entièrement dévoué au parti contraire; cette prévention n'est pas détruite aujourd'hui même que la hache de la loi a frappé la tête des coupables et que le Comité de salut public, armé d'une nouvelle énergie, est sorti vainqueur de la conjuration tramée contre le Gouvernement et la patrie; Schneider n'existe plus et son esprit respire encore; que son système, si favorable à l'aristocratie, se reproduise à la tribune, des applaudissement nombreux s'élèvent, tandis que des huées étouffent la voix de l'orateur, qui tonne contre le relâchement du ressort révolutionnaire.

«Schneider était à cette époque au plus haut période de sa puissance; il parcourait le département en satrape; les villes s'illuminaient à son passage; précédé par la terreur, il promenait la mort à sa suite; encore quelques jours, le mal devenait sans remède et les meilleurs citoyens périssaient sur l'échafaud; pour seconder son audace ce monstre avait à ses ordres une nuée de prêtres autrichiens élevés par lui aux places de

l'administration, de la justice, ou nommés à des Commissions révolutionnaires; les étrangers, les esclaves des tyrans étaient voués à sa cause par
la protection qu'il leur assurait; celle qu'il accordait en même temps aux
aristocrates, aux modérés, lui conciliait la bienveillance des uns et des
autres; il avait préludé par le sacrifice de quelques patriotes à la mort
de tous ceux qui lui portaient ombrage; il était près d'atteindre
son but.

«Sa conduite cependant n'échappait pas à la surveillance des amis de
la liberté, qui depuis longtemps avaient à son sujet conçu de vives inquiétudes; divisés entr'eux un moment par les défiances mutuelles, que
leur suggérait ce scélérat, afin de les perdre plus facilement les uns par
les autres, ils avaient enfin ouvert les yeux sur ces manœuvres; la question, qui fut agitée dans le courant de frimaire à la Société sur les moyens
de nationaliser les deux départements du Rhin, acheva de déchirer le
voile qui couvrait encore ses projets; la discussion était trop saillante
pour qu'il pût faire transiger les principes de la liberté avec ceux de l'esclavage et caresser les modérés sans perdre l'estime de ceux qui voulaient
sincèrement sauver la République; embarrassé dans le labyrinthe d'une
opinion qu'il cherchait péniblement à concilier avec la vérité, il termina par s'appitoyer sur les mesures sévères adoptées par les Represén-
tants, afin d'anéantir les conspirateurs: «S'il y a des coupables, disait-il,
«qu'on les traduise à mon tribunal, la loi vengera la patrie; je ferai
«avec la guillotine une tournée dans tous les endroits qui auront été oc-
«cupés par l'ennemi, mais toutes mesures ultérieures deviennent tyran-
«niques, les arrestations découragent le peuple et lui font abhorrer une
«révolution qu'il doit chérir.»

«Clavel et un prêtre autrichien, échos fidèles de ce nouveau Protée et
confondant comme lui le peuple avec ses ennemis secrets, tentèrent aussi
de flétrir, par des discours insidieux, les opérations des Représentants,
lorsqu'un orateur guidé par cette forte impulsion du sentiment qui maî-
trise toutes les facultés de l'âme, repoussa victorieusement le sophistique
étalage de ces rhéteurs; l'évidence des faits, la chaleur de son discours
portèrent la conviction dans tous les esprits; Schneider paraissant reve-
nir d'une erreur, mêlait lui-même ses applaudissements à ceux de la Société, qu'il avait cherché un instant auparavant à entraîner dans une
conspiration dont il réunissait les fils dans les mains, et dont l'exécution
était sur le point de s'opérer.

«Cette séance dessilla les yeux au petit nombre de patriotes qui se refusaient à le croire coupable; il venait de trahir son secret lui-même;
Vulliez, alors Procureur-syndic du District de Sarrebourg, et quelques

membres de sociétés populaires voisines [1], ne lui dissimulèrent plus leur opinion sur sa conduite : «Nous sommes venus ici, lui dirent-ils, avec «l'idée que tu étais un bon citoyen ; nous n'avons pas tardé à nous dés-«abuser ; nous voyons aujourd'hui ton cœur à découvert, nous en son-«dons les replis les plus cachés ; le moment n'est peut-être pas encore «venu de te faire connaître au peuple ; dans peu tu seras un monstre à «ses yeux, tu l'es déjà aux nôtres.»

«Schneider ainsi dévoilé devait se presser de faire usage de ses der-nières ressources ; il en sentit la nécessité ; réuni à ses agents, à ceux qui partageaient ses vues perfides ou à qui les apparences de son civisme en imposaient encore, ils cimentèrent ensemble, dans une orgie, leur liaison et leurs crimes ; tramant la perte des fonctionnaires publics, qui étaient un obstacle à l'exécution de leurs complots, ils avisèrent aux moyens de les faire périr ; déjà les bases de leurs procès sont convenues, leur mort est décidée et l'on désigne leurs successeurs.

«Tout allait s'accomplir, lorsque le 23 frimaire arrivent inopinément Lebas et St-Just ; cette nuit même Schneider est arrêté par leurs ordres, et le lendemain exposé au poteau de l'infâmie ; on aurait dit que le génie de la liberté, perçant le nuage tout d'un coup, précipitait la foudre sur ce traître pour lui épargner de nouveaux crimes et de nouvelles larmes à l'innocence, à l'humanité, à la patrie [2].

«La chute du chef devait entraîner celle des complices ; le Comité central de surveillance du Bas-Rhin frappa le coup ; à la ville et à la cam-pagne ceux qui avaient trempé dans ces projets liberticides furent arrê-tés, mais il usa d'indulgence envers quelques-uns d'entre eux, qu'il crut plutôt égarés que coupables, et cette faiblesse a causé dans la suite des tiraillements infiniment nuisibles à l'intérêt public.

«Ayant eu occasion de parler au Représentant St-Just au moment même où Schneider allait être exposé aux yeux du peuple, qu'il avait si sou-

---

[1] Arrivés à Strasbourg, sur l'invitation de Monet, sous le nom de Propagandistes.

[2] Ce même jour, à 7 heures du soir, quelques patriotes s'étaient ren-dus auprès des Représentants Lacoste et Baudot, pour leur donner con-naissance des atrocités commises par Schneider, et des projets sinistres dont il s'occupait encore ; frappés du poids et de la vérité des dénoncia-tions, ces Représentants avaient promis de le suspendre le lendemain et de le mettre en état d'arrestation à vingt lieues des frontières. (*Note de Monet.*)

vent outragé, je ne lui dissimulai point mes inquiétudes sur les dispositions alarmantes, que manifestaient des citoyens que l'on avait cru jusqu'alors patriotes sincères ; mes pressentiments n'étaient que trop fondés. Jung, qui avait affecté de croire que St-Just et Lebas n'étaient environnés que d'intrigants étrangers à Strasbourg, qui voulaient sacrifier les patriotes du pays ; qui avait sans cesse répété que les Représentants enfonçaient, avec le pouvoir des dictateurs, le poignard au cœur de tous les bons citoyens ; Jung, dis-je, à la nouvelle de l'arrestation de Schneider eut des accès de fureur, qui l'auraient porté à tout entreprendre, s'il eut été secondé dans sa démence. «Brûlons, disait-il, la moustache aux «dictateurs et partageons l'honorable supplice de Schneider ; lorsque la «vertu succombe quiconque est épargné est un scélérat ;» enfin en votant à la Société populaire sur la question des gens suspects il demanda, en termes couverts, la mort des Représentants, dont la justice avait foudroyé le traître, auquel il avait voué des sentiments d'idolâtrie.

«Que l'on devient criminel lorsqu'une fois l'on abandonne les intérêts du peuple, que l'on ne se guide plus que par les suggestions de la haine, de l'amour propre, de l'ambition ou de l'intrigue, lorsqu'enfin l'attachement à la révolution et à la patrie devient un objet de spéculation et ne forme pas la première passion du cœur ! Schneider qui en juillet 1793 écrivait que les habitants de Strasbourg croupissaient tous dans le marais, publiait au mois de frimaire de l'année suivante, que cette ville était injustement poursuivie par la calomnie, qu'en s'épuisant pour soulager les besoins de nos frères d'armes, elle était accusée d'égoïsme, tandis que les autres communes de la république étaient honorablement mentionnées dans les annales de la révolution pour avoir déposé sur l'autel de la patrie quelques chiffons devenus inutiles au luxe et à la parure.

«Lorsque Schneider flétrissait Strasbourg, cette commune annonçait des dispositions favorables à l'acceptation de la constitution républicaine ; lorsqu'il s'en portait le défenseur officieux, elle était sous le poids de mesures repressives et ses sections étaient interdites....

«....Les plus obstinés défenseurs de Schneider avaient refusé d'asseoir la taxe sur les riches de Strasbourg ordonnée par les Représentants Lebas et St-Just ; ils avaient refusé d'expulser de la ville les personnes suspectes au moment où l'ennemi était aux portes ; ils ne pouvaient soutenir, disaient-ils, le spectacle déchirant de tant de familles éplorées, réduites à errer sans foyer et sans asile ; cette conduite coupable leur avait concilié l'intérêt de Simond, qui traitait d'hommes sanguinaires, ceux qui dirigés par une inflexibilité nécessaire, avaient employé tous leurs efforts à dissoudre le noyau de trahisons sans cesse renaissantes ; Mainoni et quelques autres patriotes lui étaient devenus suspects par leur énergie [1] ; il ne pouvait pardonner à l'un d'eux d'avoir été juge d'un tribunal révolutionnaire.

«A Paris et à Strasbourg la conjuration se reproduisait donc sous les mêmes formes.

«Tous les mauvais citoyens se réunissaient à Paris autour des indulgents ; à Strasbourg Schneider était leur idôle. Une corruption dégoûtante, des liaisons avec des personnes depuis longtemps flétries, caractérisaient les conspirateurs de Paris ; les Leorier, les Clavel, les Taffin, les Nestlin, les Schneider étaient tous signalés à Strasbourg par leur profusion, leurs rapines, les attentats portés à la pudeur du sexe, leurs concussions et leur brigandage....

«....Habitants du Bas-Rhin, quelle a été parmi vous la conduite des Français ? Elle a été celle de héros généreux, de soldats magnanimes sur tout le territoire qu'ils ont successivement occupé et parcouru ; ils ont régénéré vos idées, vous ont enflammés de la passion des grands cœurs, de l'enthousiasme de la vertu ; ils vous ont créé une patrie. Quelle a été celle des étrangers ? Ils ont apporté dans votre sein les vices honteux de l'esclavage ; sans probité, sans mœurs ils auraient fait détester la liberté ; ils ont fini par vous trahir [2] !....»

---

[1] Les ennemis de la révolution, qui espèrent nous vaincre par nos propres armes, appelaient les patriotes des ultra-révolutionnaires, dans le temps que ce nom était donné à une faction indulgente qui se couvrait des formes de la violence ; c'est sous ce terme que les désigne le prêtre Reinbold, partisan de Dietrich et du fédéralisme, importé à Champlitte ; on assure que Simond en avait dénoncé quelques-uns dans le courant de nivose au Comité de salut public. (*Note de Monet.*)

[2] Avant que Schneider eut terminé sur l'échafaud son infâme carrière, l'émigré Türkheim soutenait à nos prisonniers du fort Vauban qu'il n'y avait à Strasbourg qu'un seul honnête homme ... cet honnête homme c'était Schneider. Un de ses Commissaires révolutionnaires, curé assermenté à la campagne, ayant émigré après l'arrestation de son protecteur, fut très-bien accueilli par l'ennemi ; nommé à une cure d'outre-Rhin, il prêche aujourd'hui aux esclaves des despotes le contraire de ce qu'il a prêché en France aux enfants de la liberté. (*Note de Monet.*)

6 FÉVRIER 1795.

Noyade projetée à Strasbourg, de 6000 citoyens, au mois de novembre 1793.

«Brœndlé, Président du Conseil général du District de Strasbourg, au Représentant du peuple Bailly [1], *en mission dans les départements du Rhin* [2].*

«Plusieurs citoyens de Strasbourg vous ont parlé, citoyen Représentant, d'un projet de noyades conçu l'an dernier dans cette commune ; j'ai aussi des connaissances sur cet objet et je me fais un devoir de vous les communiquer.

«Au mois de frimaire, 2me année de la République, étant Secrétaire-adjoint du District de Strasbourg, je fus requis par un nommé Clauer, Président alors de cette administration, de remplir provisoirement la place de Secrétaire d'un soi-disant Comité de sûreté générale établi par St-Just et Lebas dans ce département; j'ai exercé cette fonction pendant quinze jours. Dièche, général, commandant à Strasbourg, vint un matin au dit Comité ; j'entendis parler de bateaux, sans savoir à quel usage on les destinait ; lorsqu'on s'aperçut que je prêtais de l'attention au discours qui se tenait, on fit silence, en recommandant à Dièche de faire son rapport par écrit pour la séance du soir ; en effet, le soir arrive une lettre de Dièche, elle ne fut pas hautement lue ; je ne l'ai jamais eu entre mes mains, et il fut seulement arrêté que le compte qu'avait rendu Dièche, relativement aux bateaux, serait renvoyé à qui de droit. Plus que l'on mettait de soin à me cacher cette affaire, plus je tâchai d'en découvrir le secret. Je demandai le lendemain au citoyen Mainoni, membre du dit Comité (aujourd'hui chef de brigade à l'armée du Rhin) ce que c'était donc que ces bateaux; apprends, me dit-il, que les Représentants qui sont ici, veulent sacrifier six-mille citoyens de Strasbourg ; mais cela n'aura certainement pas lieu ; mais comment veut-on s'y prendre continuai-je ? on veut, reprit Mainoni, commander le nombre en ques-

---

1 Ce Représentant fut envoyé, au commencement de l'année 1795, par la Convention nationale dans les départements du Haut- et Bas-Rhin, Mont-Terrible, Jura et Vosges, «pour y supprimer le règne de la Terreur et y déclarer la guerre aux fripons, aux dilapidateurs, aux intrigants, aux dominateurs, aux royalistes, aux hommes de sang et à tous les mauvais citoyens.»

2 Livre bleu, t. 1, p. 104-106.

tion à poste fixe ; on battrait la générale, toute la garde nationale serait sous les armes, les six-mille désignés seulement marcheraient vers le Rhin, on leur ferait croire qu'il y aurait une expédition sur Kehl, quand ils seraient embarqués et éloignés du bord, on tirerait de nos batteries quelques coups de canon sur la rive gauche opposée, pour engager l'ennemi au combat, et à mitraille sur les bateaux ; de cette manière ceux-ci seraient entre deux feux et ne pourront échapper à la mort ; étant à présent dans le secret, Mainoni me dit que dès que ce cruel projet serait arrêté, il m'en donnerait avis, pour que nous deux en instruisions nos concitoyens ; mais heureusement les choses en sont restées là [1] ! Voilà, citoyen Représentant, ce que je sais des bateaux ; puisse cette déclaration désiller les yeux de quelques individus qui ne veulent pas croire aux malheurs qui ont accablé notre commune.

«Strasbourg, le 17 pluviose, 3me année de la République française, une et indivisible. *Brœndlé.*»

----o-o°Q°o-o----

[1] Des personnes dignes de foi et initiées dans les affaires de leur temps, avaient acquis la conviction que lorsque Schneider apprit ce plan infernal de la noyade de 6000 Strasbourgeois, il s'y opposa de toute sa force (voir p. 7) ; ce fut selon elles le principal motif de son supplice.

Nous traduisons le passage de Friesé (*Neue vaterländische Geschichte der Stadt Strassburg und des ehemaligen Elsasses*, t. V, p. 336:

«Ce plan abominable dont les citoyens non incarcérés de la garde nationale, les seuls défenseurs à cette époque de notre forteresse et de la frontière du Rhin, devaient être les victimes, prouve combien nos tyrans tenaient à cœur leur système de dépeupler Strasbourg, système qu'ils eussent même poursuivi dans ce moment de grand danger, si toutefois cela leur eut été possible. Mais les principaux membres de la Société populaire reculèrent en frémissant, en voyant se développer de jour en jour le véritable plan de destruction de St-Just et Lebas, de Monet et de Teterel. C'est à ce sentiment qu'il faut attribuer le grand nombre d'incarcérations et de décapitations de membres du club. Schneider fut la première victime de la vengeance de Monet.

TABLE.

ERRATA.

STRASBOURG, IMPRIMERIE F. C. HEITZ.